エンゲージメントを高める場のつくり方

株式会社リンクイベントプロデュース
ファシリテーター
広江朋紀
Tomonori Hiroe

同文舘出版

はじめに

「ステイホーム」「ソーシャルディスタンス」の今こそ、つながりの場が求められている

２０２０年夏。新型コロナウイルスによる世界的な危機が、今、まさに到来しています。中国・武漢で発生した新型のウイルスは瞬く間に世界に広がり、経済活動は停止、ウイルス感染を防ぐため、世界人口の半数超が外出を制限されるという未曽有の状況が突如として立ち現われました。

これまで私たちが前提としていた、資本主義、都市経済、グローバル化、オフィスワークといった社会のゲームルールが音を立てて崩壊しました。もはや、コロナ以前の世界に戻るのではなく、これまでとは異なる価値観「ニューノーマル」がつくられていくことは誰の目にも明らかです。

企業内においては、これまで行なわれていた集合型の研修、ワークショップ、大規模会議、キックオフ、入社式、表彰式、懇親会といった各種イベントが、ソーシャルディスタ

ンスを遵守するために軒並み中止、もしくは延期され、ステイホームを合言葉にテレワークが推奨、人と人が過密空間で対面する機会は激減しています。

従来、こうしたイベントは、感情的な側面において企業と個人をつなぐ結節点（ハブ）の場として機能してきました。

たとえば、キックオフで全社の新たなビジョンを知り、自分のアクションと紐づけ、同僚と想いを分かち合うことで意欲を向上させたり、表彰式で壇上に上がってスピーチを行ない、周囲から称えられることで、仕事に対しての誇りや責任、会社へのロイヤルティ（忠誠心）が高まるなどです。

企業や組織に対する「つながり」「愛着心」「誇り」を示すキーワードとして、近年よく使われる「エンゲージメント」は、企業と従業員の相互理解、相思相愛度合の高さを示すものです。組織と個人が互いにつながり合い、双方の成長、成果の創出に貢献し合う結節点としての機能を担っていたイベントの場が中止や延期されることで、エンゲージメントが低下するリスクは計り知れないものがあります。

環境が劇的に変化した今、求められているのは、企業と個人のつながりを取り戻す「場づくり」ではないかと思います。

私は、(株)リンクイベントプロデュースという会社で、イベントによって組織と個人のつながり(リンク)を生み出し、双方の持続的成長をプロデュースすることを天職として、約10年、300社以上のクライアントを支援してきました。対面、集合型のリアルなイベントのみならず、ウィズコロナの時代に有効なオンラインイベントでも豊富な実績があります。

物事には「時機」があり、そのタイミングで実施しないと機を逸してしまう「旬」があります。自粛モードですべてのイベントを中止、縮小するのではなく、工夫次第でリアルな集合イベントよりも濃いオンラインの場をつくることも可能なのです。

本書では、これまでの経験から培った、リアル、オンライン双方のイベントの具体的な事例紹介のみならず、どんな状況でも活用できる、企業と個人がつながりを取り戻す場のデザインや成功するファシリテーションの技法についても紹介します。

近年、「場づくり」「ワークショップ」「ファシリテーション」といったキーワードは、企業の組織開発にとどまらず、商品開発、デザイン、アート、学校教育、行政、まちづくりなど幅広い分野で注目されています。本書で記す場づくりの技法と事例は、そうした領域に関わる皆さんにとっても有効な内容となるでしょう。

そして、エンゲージメントを高めるための場づくりやファシリテーションにおいては、経験、勘、度胸といった、出たとこ勝負の感覚ではなく、サイエンスといってもいいほどの緻密なデザインと要諦を押さえたファシリテーションがその成否を左右するということもお伝えできればと思います。

本書によって、組織と個人がつながりを取り戻し、エンゲージメントが高まる場がひとつでも多く生まれ、先の見えない時代だからこそ、共に新しい未来を生み出していく共創、創発の楽しさを感じていただけたら望外の喜びです。

第2章

参加者の心が動く、場のデザイン

第3章 成功する場のファシリテーション

第4章 実践ケーススタディ 参加者の心が動いた場

第5章

すぐに使える！　場づくり鉄板ツールBOX

カバーデザイン　ホリウチミホ（ニクスイング）
本文デザイン・ＤＴＰ　草水美鶴

第１章

なぜ今、組織にエンゲージメントが必要なのか？

「従業員エンゲージメント」というキーワード自体は、目新しいものではない。しかし、ウィズコロナの時代、激変する職場環境の中で、それは切迫した課題となっている。本章では、従業員エンゲージメントを高めるために、人や組織が変わるきっかけとなる「場」＝イベントを活用した「イベント・フォーカス・マネジメント」について解説する。

テレワークによってますます低下する「従業員エンゲージメント」

社会距離拡大戦略（ソーシャルディスタンシング）によってテレワークが推奨され、人と人が対面でリアルに会う機会は減少しています。

業種によって差はあれど、「テレワーク」という新しい働き方は、もはや市民権を得たと言っていいでしょう。代表的なメリットとして、三密を避けられる環境での労働、通勤時間の削減、育児・介護に携わる社員の雇用継続、住む場所を選ばないライフスタイル等が挙げられる一方で、負の側面もあります。パーソル総合研究所の調査によれば、次のような結果が出ています。

テレワーク実施前後の「変化」について、上司とのやりとりが減った＝45・2％、同僚とのやりとりが減った＝50％、組織の一体感が低くなった＝36・4％、仕事への意欲・やる気が減った＝32・8％、仕事の満足度が低くなった＝31％と、組織としての課題が生じ

テレワーク実施前後の変化

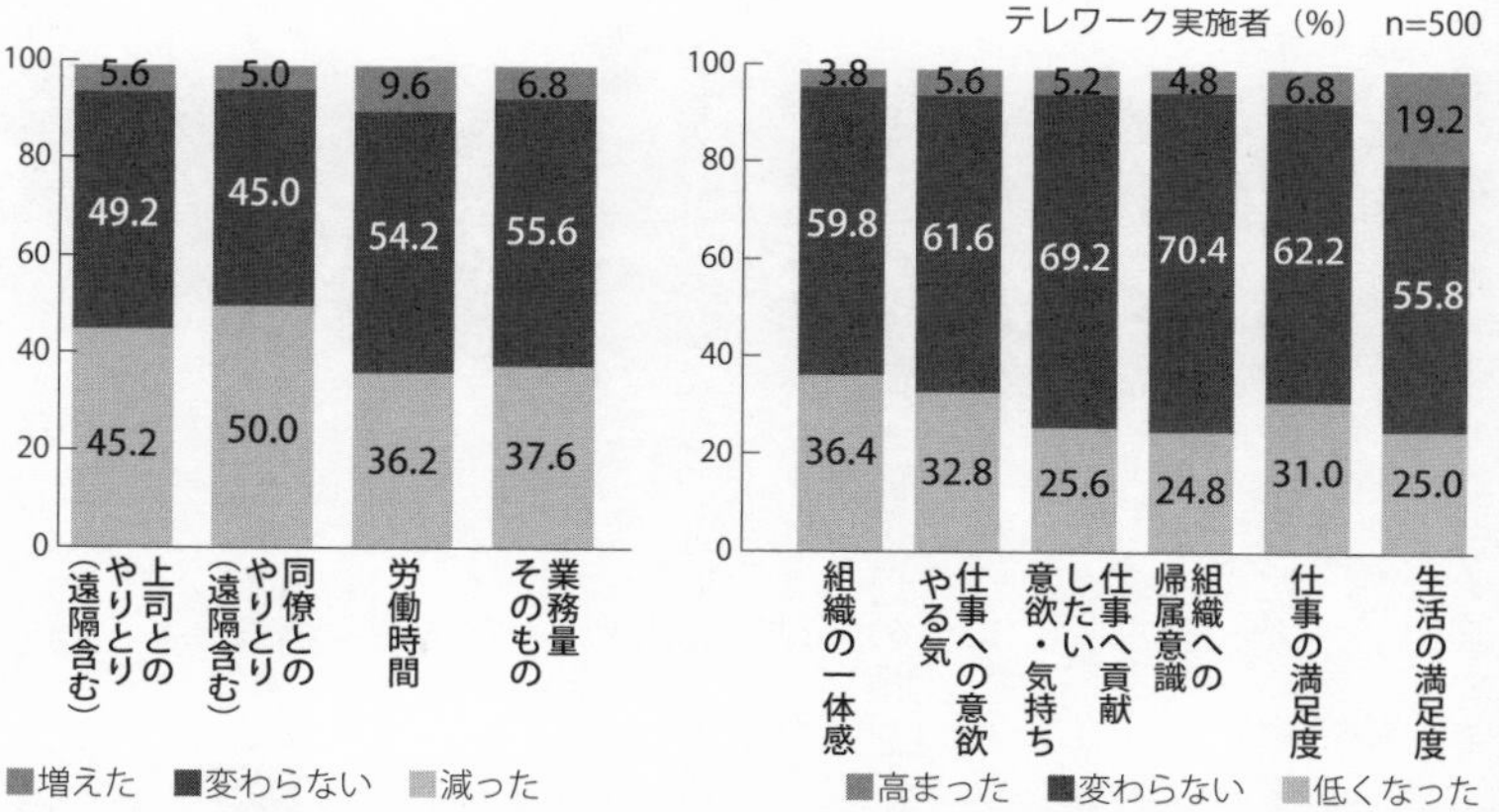

出典：「新型コロナウイルス対策によるテレワークへの影響に関する緊急調査」（パーソル総合研究所）

る結果となり、これらの変化は、早晩、従業員エンゲージメントの状態にも暗い影を落とすことでしょう。

テレワークの長期化に備えて、企業としては、従業員エンゲージメントの向上に抜本的な対策を検討すべき、まったなしの潮目を迎えています。

「制約は、イノベーションの母」という喩えがあります。制約があるから、知恵を絞って新しいことを考え、実行せざるを得なくなるのです。コロナ禍による行動制約から生み出される「ニューノーマル」の主体者として、イノベーションし続けていくことが企業と個人双方に、今、求められています。

エンゲージメント後進国、日本

「従業員エンゲージメント」とは何でしょうか。人材の流動性が高まり、優秀な人材の獲得と定着が経営課題になっている今、このキーワードが注目を集めています。

「従業員エンゲージメント」とは、個人の組織に対する「つながり」「愛着心」「誇り」を示すものとして、企業と従業員の相互理解、相思相愛度合の高さを示すものであり、エンゲージメントの高い状態とは、企業と従業員が〝One for All, All for One〟つまり、「One=従業員の欲求充足」と「All=企業の成果極大化」が同時に実現している状態を指します。

オランダ・ユトレヒト大学のシャウフェリ教授は、エンゲージメントが高いことによって、企業のみならず、従業員にとっても図の吹き出しにあるようなメリットがもたらされると述べています。

一方で、米・ギャラップ社の調査では、日本における、熱意あふれる社員（エンゲージ

従業員エンゲージメントの高い企業と人の特徴

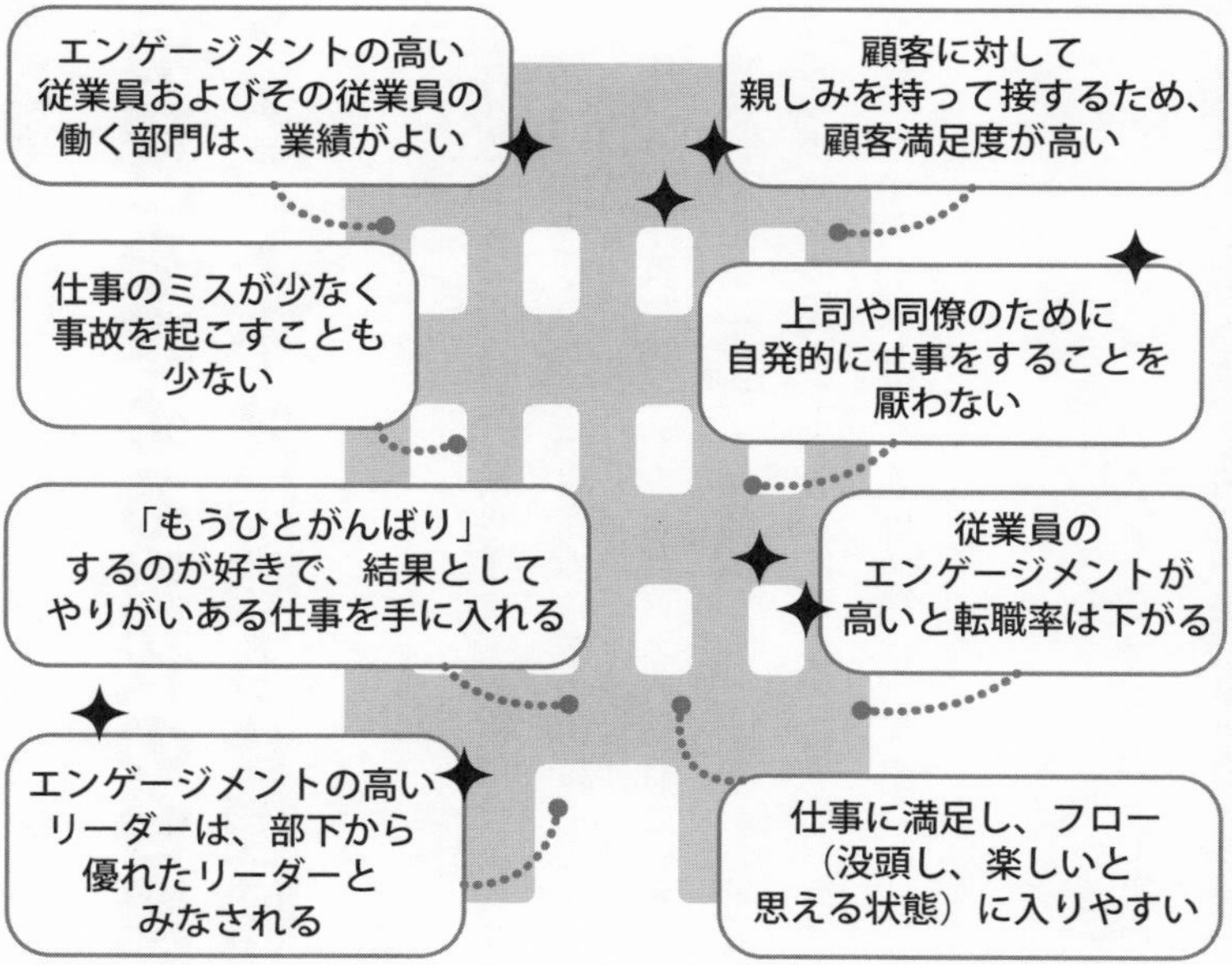
エンゲージメントの高い
従業員およびその従業員の
働く部門は、業績がよい
顧客に対して
親しみを持って接するため、
顧客満足度が高い
仕事のミスが少なく
事故を起こすことも
少ない
上司や同僚のために
自発的に仕事をすることを
厭わない
「もうひとがんばり」
するのが好きで、結果として
やりがいある仕事を手に入れる
従業員の
エンゲージメントが
高いと転職率は下がる
エンゲージメントの高い
リーダーは、部下から
優れたリーダーと
みなされる
仕事に満足し、フロー
（没頭し、楽しいと
思える状態）に入りやすい

メントの高い従業員）の割合はわずか６％にすぎず、先進７ヶ国の中でも最低水準であり、またやる気のない社員は71％にものぼり、「周囲に不満をまき散らしている無気力な社員」は23％も存在するという、由々しき事態となっています。

日本企業の従業員エンゲージメントのレベルは、世界でも最低レベルの後塵を拝しているのが現状なのです。

「自己実現」を求める世代の台頭とマネジメント不全に陥る管理職

他にも見逃せない視点に、働き手（労働市場）の変化があります。世代による価値観の変化が起こっているのです。現在の企業の中核を担っている世代から、ミレニアル（1980〜1990年代に生まれた世代）と呼ばれる世代が中核を担う状況にシフトするにつれて、従業員が企業に求める価値観が大きく変わってきています。

世代間の価値観の違いを調査したMind the gaps The 2015 Deloitte Millennial surveyによると、世代間で最も異なる価値観は、従業員の「自己実現」（Employee's well-being）でした。

昨今、「ティール組織」すなわち「自己実現」（指示、統制ではなく自発的な目標設定と実行）が個人の行動の源泉となる進化型の組織モデルに注目が集まっているのも、これまで多くの企業が取り入れてきた、トップダウンで束ねて目標・計数管理、ＫＰＩといった仕組みによって統制していく達成型の組織モデルに限界を感じている証左ではないでしょうか。

ミレニアム世代よりさらに若年層のジェネレーションＺ（１９９０年代後半以降に誕生）世代の今後の台頭も考えると、「自己実現」を求める働き手が増えることは、火を見るよりも明らかです。

企業は、こうした働き手の変化を立体的に捉え、彼らの自発的な意志を尊重すると共に、それを組織力に変換しなくてはなりません。

従業員エンゲージメントを考慮した複雑性の高いマネジメントが、今、求められているのです。

そうした潮流に追い打ちをかけるのが、昨今のテレワークです。物理的、心理的距離が管理職とメンバーの間に生まれることで、マネジメントが機能不全に陥ってしまうことは、想像に難くありません。

では、どのようにすれば、こうした状況下で企業と従業員が熱意を持ってつながり合い、エンゲージメントを高めることが可能になるのでしょうか？

本書では「人が（リアル、オンラインを問わず）集い、感情をゆさぶる〝場〟をつくり、それをきっかけにエンゲージメントを高める」ことを提案したいと思います。

訴えたいのは、外側の仕組みを変えたり、企業が一方的に従業員に特権を与えるといった外発的な報酬ではなく、生身の人間の感情をゆさぶり、エモーショナルなつながりを共に築いていくことの大切さです。

対話が自然に起こるような、安心・安全な〝場〟をつくり、個々の自発的な意志がひとつの大きな目的に向かって束ねられ、組織の知恵や未来を切り拓く力に変わっていくエネルギーの基盤となるような、まさに、〝One for All, All for One〟の〝場〟をつくり出すことです。

従業員エンゲージメントを高める「イベント・フォーカス・マネジメント」

「危は、機なり」。個人も組織も変わるきっかけを求めている

現代の新型コロナウイルスのように、17世紀に猛威を振るったペストは、当時ヨーロッパに住む人の3分の1の命を奪ったとされています。当時、ケンブリッジ大学の学生だったアイザック・ニュートンは、学校が閉鎖され、故郷に疎開をせざるを得ませんでした。ところが、この18ヶ月におよぶニュートンの疎開は、のちに「創造的休暇」と呼ばれるような驚異の発見をもたらすのです。「ニュートンの三大業績」とされる万有引力の発見、微分積分学の確立、プリズムによる分光の実験は、驚くべきことに、いずれもペストを逃れて田舎に戻っていた休暇中に成し遂げられたものであり、25歳ごろまでにすべてなされたものです。

ペストという危機（crisis）は恐ろしいものである一方、それに伴う社会環境の大幅な変化によって、彼の中で世界の見え方や認識の枠組みの大転換が起こり、平時では着想で

きなかったことが生まれる機会になったというひとつの事例です。まさに、「危は機なり」と言っていいでしょう。

思い起こせば、私たちの人生の歩みにも、その前後で自分が大きく変容するようなターニングポイントとなるきっかけの場が多く存在します。

たとえば、出会いや別れに心震わす入学式や卒業式、一体感を感じた文化祭、心躍る修学旅行、喜びと感謝に溢れる結婚式、気持ちを新たにする初詣――。私たちは大なり小なり、このようなさまざまなイベントをきっかけに、意識や気持ちを切り替えてきました。そして、そのきっかけには、常に「場」がついてきたはずです。

イベントというキーワードは、さまざまな文脈で用いられますが、本書では、イベント＝人や組織が変わるきっかけとなる「場」と定義します。

企業においては、小さなところでは毎朝の朝礼や月次の納会、期初のキックオフ、プロジェクト単位の打ち上げ、大掛かりなものでは、創業からの周年を祝う記念式典や新オフィスの竣工式、入社式や表彰式、社員旅行や運動会などが挙げられます。

そして、人も組織も何もしなければ、時間の経過と共に沈滞化する習性があります。

イベント（機会）と従業員エンゲージメントの関係

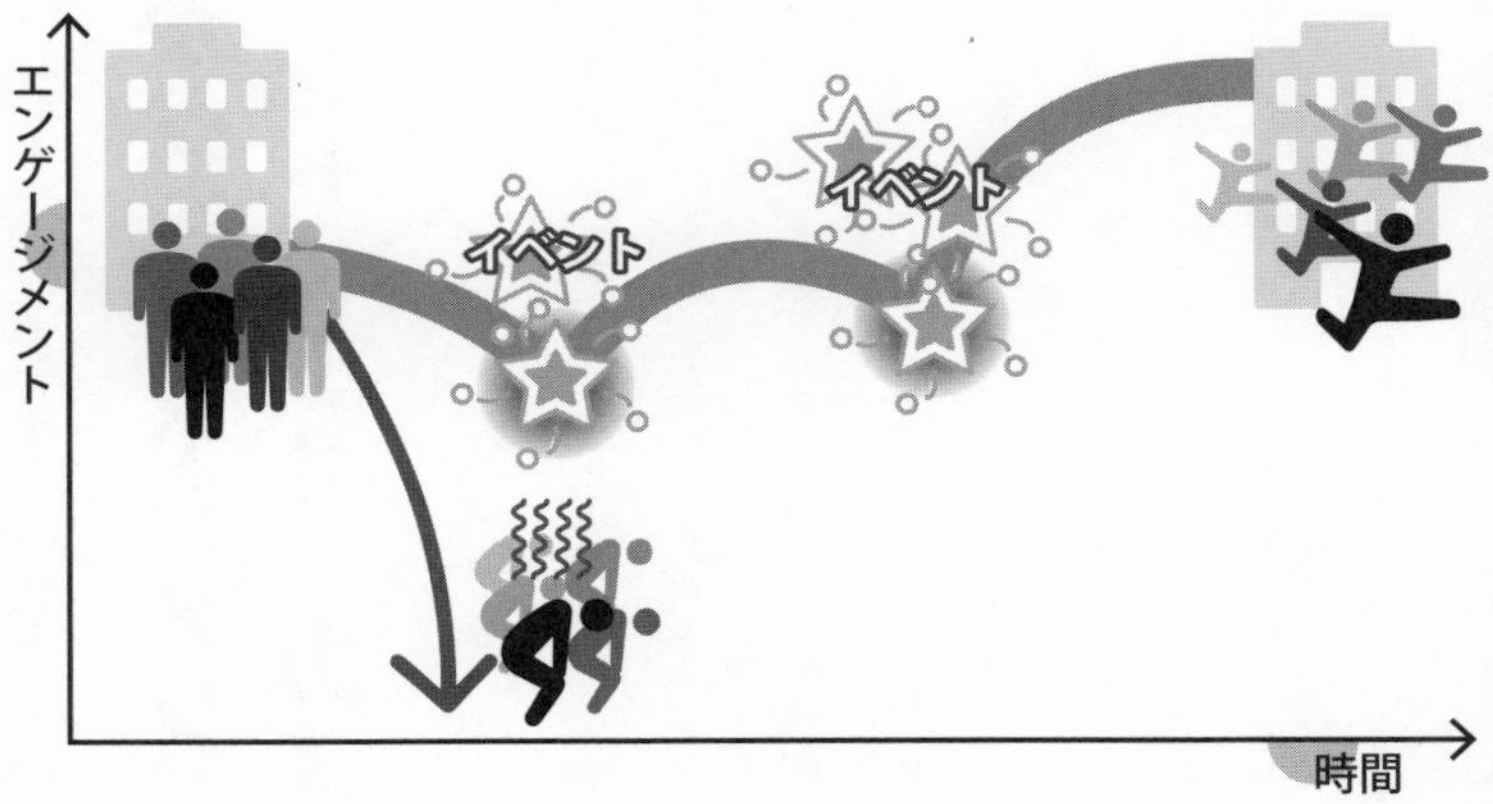

たとえば、相思相愛で結婚したカップルも、記念日など節目を大切にせずに放置しておくと、両者のエンゲージメントが下がっていくことは想像に難くありません。

企業組織でも同様で、創業メンバーの高いコミットメントではじまった会社で、商品力もあって事業が当たると、当初は調子がよさそうに見えるはずです。しかし、組織面で何も手を打たなければ、時間の経過と共に従業員エンゲージメントは停滞します。

さらに放置すると、このまま変わらなくてもいいという、心理的な現状維持バイアスが働き、変化への抵抗が生まれ、やがて事業にも影を落とすようになるでしょう。

きっかけをマネジメントする発想、「イベント・フォーカス・マネジメント」

それでは、なぜ企業組織は、きっかけの場がないと従業員エンゲージメントが下がってしまうのでしょうか？

そこには、「視界の個別性」という組織の宿命が影響しています。企業組織は、立場による「階層分化」と役割による「機能分化」を包含したシステムです。この「階層」と「機能」の違いが、必然的に「視界の個別性」を生み出します。

たとえば、経営トップは会社全体のことを俯瞰したり、5年先の中期経営計画を見通しながら経営課題に取り組みますが、現場の具体的な日々の活動を見ることはできません。

逆に現場メンバーは担当業務の課題や月次の自分の営業目標は明確に把握していても、会社全体を俯瞰する視点や中長期の時間軸で物事を判断する視点は持ち合わせていません。

つまり、「視界の個別性」によって、両者の空間観と時間観がそもそも異なるのです。

組織の宿命、空間観（視界）と時間観の差

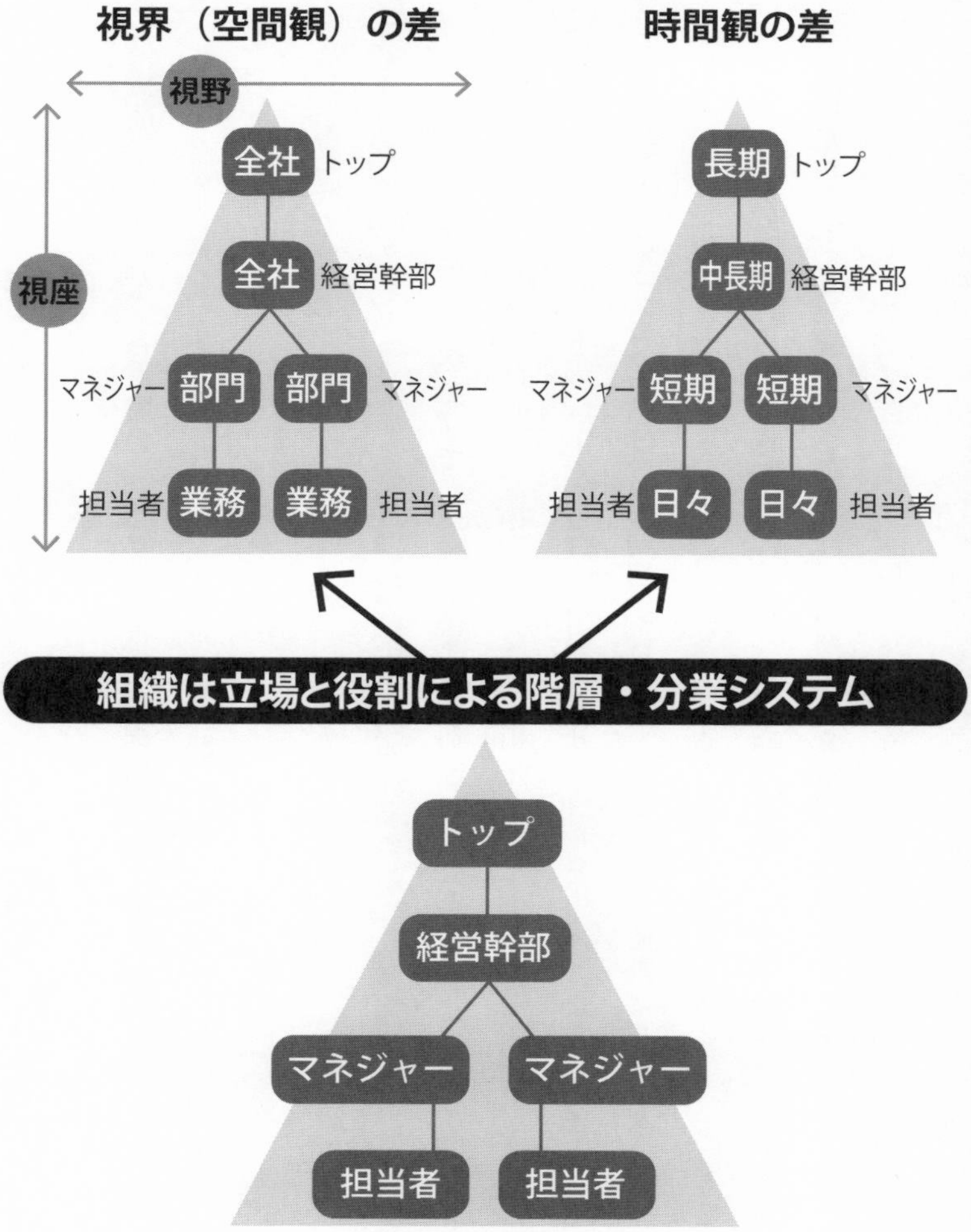

また、営業と人事、研究開発と経理のように、同じ企業の傘の下にいても利害関係が反することも、しばしば生じます。

この「機能」の違いが、各職場の「部分最適思考」を加速させます。

他にも、年々ダイバーシティが拡大し、「視界の個別性」による〝ズレ〟は加速する一方です。

このズレを放置すると、どうなってしまうのでしょうか？

経営学者のチェスター・バーナードは、組織成立の要件として、「共通目的」「協働意思」「コミュニケーション」を掲げました。「視界の個別性」による〝ズレ〟を放置しておくと、組織における「共通の目的」が見えなくなり、相互不信による協働意思の停滞を招き、従業員エンゲージメントの低下が進行するバッドサイクルを生んでしまいます。

こうした問題を解消するためには、定期的なコミュニケーション活動が必要です。

イベント・フォーカス・マネジメントとは、変わるきっかけとなる「場」＝イベントを、リアル、オンラインに関わらず、意図的に仕掛けて組織のコミュニケーション活動として活用し、「視界共有」「意識統合」を行なう、画期的なマネジメント手法です。

たとえば、期初のキックオフを変化の節目として位置づけ、めざすビジョンと現状を確認し、組織の一体感を醸成するきっかけとする。普段顔を合わせないメンバーを集めたオチェスター・バーナードの「組織成立の３要素」

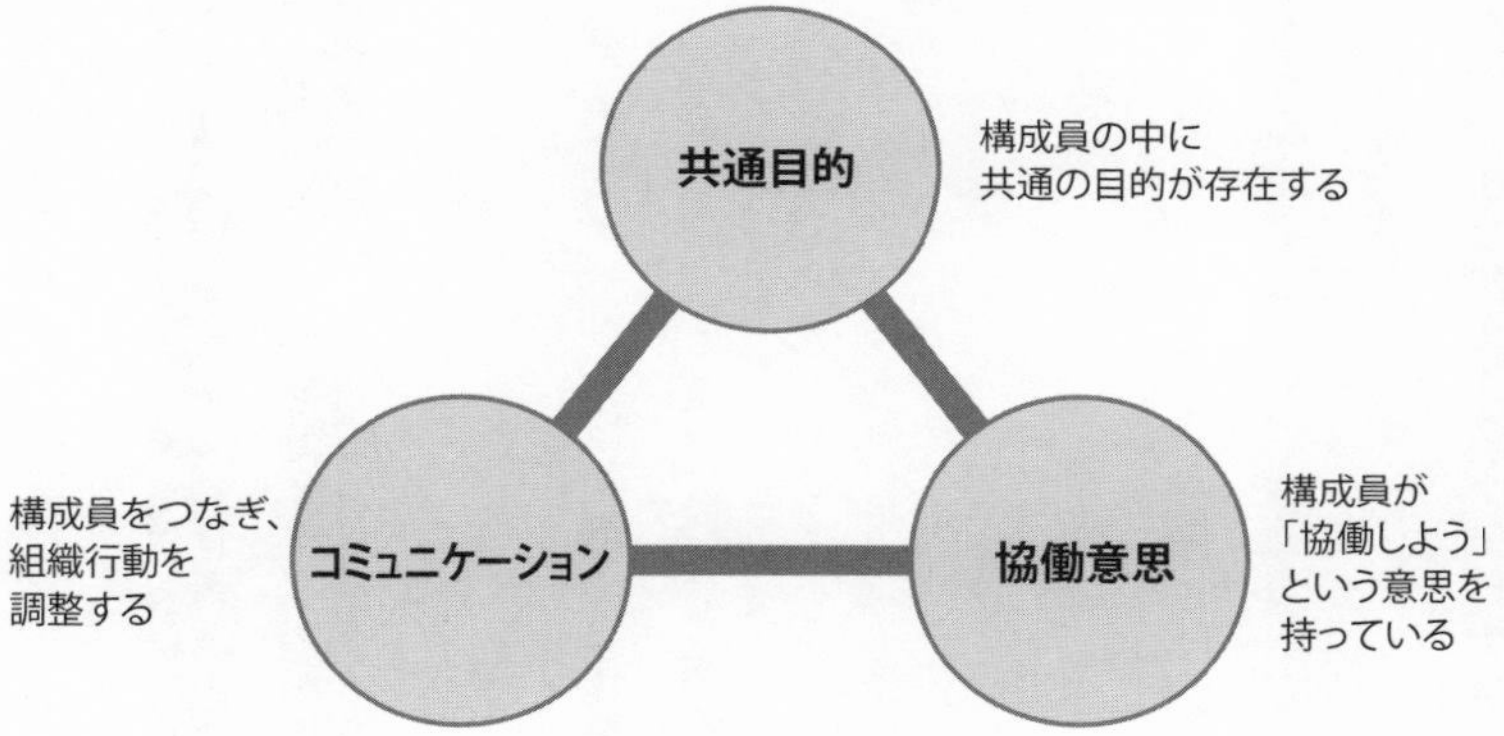
共通目的
構成員の中に
共通の目的が存在する
コミュニケーション
構成員をつなぎ、
組織行動を
調整する
協働意思
構成員が
「協働しよう」
という意思を
持っている

ンラインの懇親イベントで相互理解を進めて、協働意思を醸成するきっかけとする。手段や目的はさまざまですが、定期的に「視界共有」「意識統合」のためのコミュニケーションの場を持つことは、企業活動を円滑に進める必須条件であると言えるでしょう。

イベント＝人や組織が変わるきっかけとなる「場」は、〝日常〟に句読点を打つ〝非日常〟の機会（＝節目）として有効に機能します。個人や組織にとって「これまで」と「これから」を分かつ節目であり、今いるステージから、次のステージへ向かう効果的な節目となります。この手段を経営活動の中に意図的に埋め込むという考え方が「イベント・フォーカス・マネジメント」なのです。

イベントの3つの効果「共感効果」「集合効果」「同調効果」

では、なぜイベントは組織の「視界共有」や「意識統合」を可能にするコミュニケーションの場として、さらには人と組織が変わるきっかけの場として機能するのでしょうか？ そこにはイベントが持つ3つの効果「共感効果」「集合効果」「同調効果」が影響しています。

■ 共感効果

「人は、勘定ではなく、感情で決める」。行動経済学でも証明されているように、人は必ずしも合理的ではなく、行動の多くを感情で決定します。イベントの場は、この感情に訴える部分を得意とします。

メールのようにテキストだけでメッセージを伝えるのではなく、発信者の感情をそこに

イベントの３つの効果

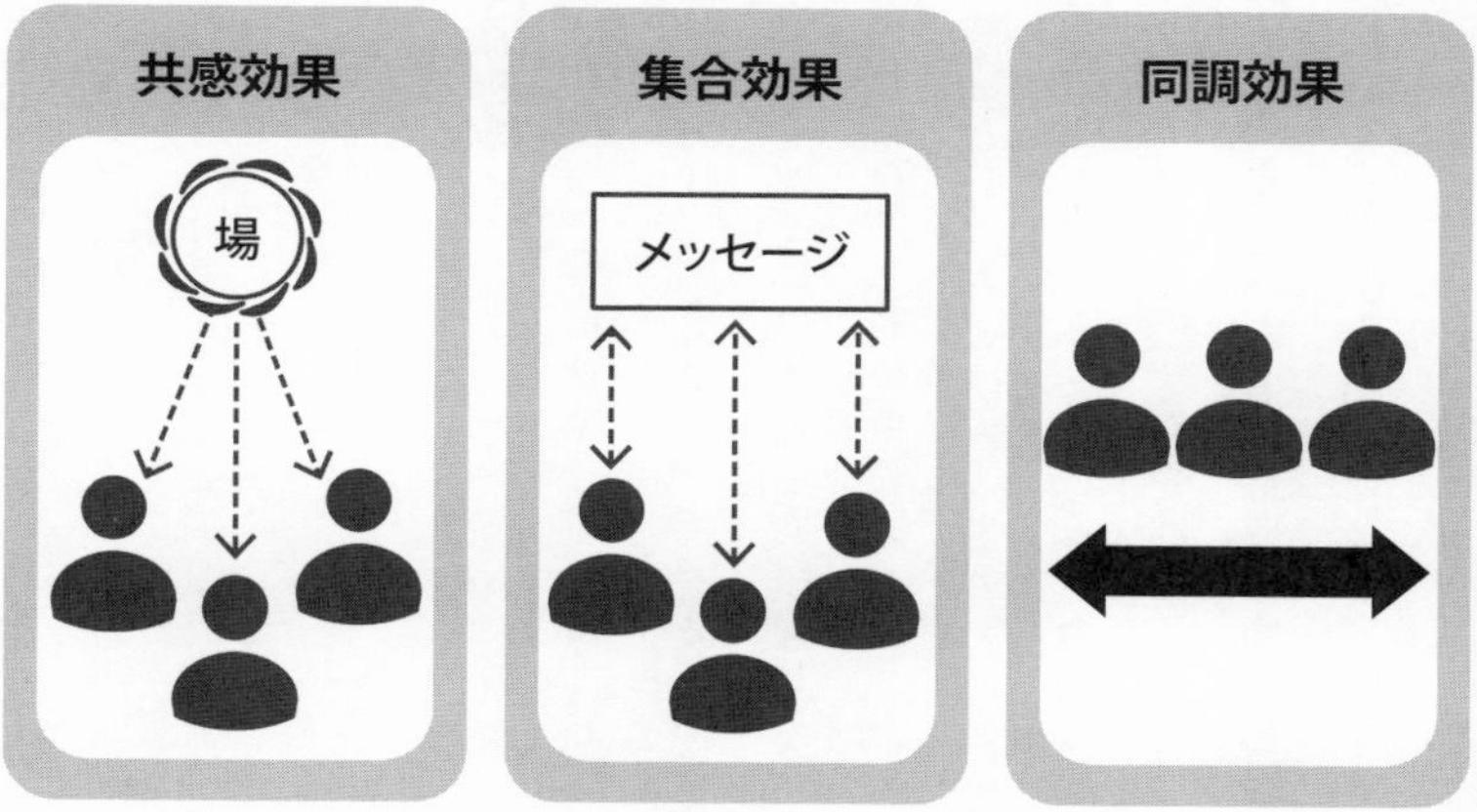

乗せることができます。オンラインの場であっても音響、映像といった演出を駆使することで、主催者・発信者側の気持ちを伝え、受信者側の感情に訴えることが可能です。リアルの場であれば、さらにその場の空間設計や装飾でも多彩な表現をすることが可能です。

人が新たな行動を起こすには、大きなエネルギーを必要とします。そのエネルギーが生まれるのは、論理的納得と感情的共感が合わさったときなのです。

■集合効果

前述のように、組織の構成員は、立場や役割で規定された中で個別の視界（目的）で活動しています。イベントはそれらの構成員を一同に集めることができる、またとない機会であり、伝えたい、届けたいメッセージの同時発信・受信状態を実現します。組織におけるさまざまな視界の差やズレをチューニングするには、発信側のメッセージだけではなく、受信する側の状態を揃えること、相互のコミュニケーション活動として成立させることが重要なのです。

■同調効果

同調効果は、簡単に言えば「朱に交われば赤くなる」効果です。ご機嫌な人の近くにいると、自分まで楽しくなってくる。不機嫌を振り撒いている人の近くにいると、自分までイライラしてくる。こうした経験はないでしょうか?

この反応は、脳科学的に言えば、脳のミラーニューロンが作動し、共振した結果起こる情動感染と呼ばれます。

仕事にエンゲージしている人たちと働いていると、彼らとの関わりを通じて無意識のうちにポジティブな影響を受けることができます。イベントでは、場のデザインやメッセージ次第で、変化への抵抗感や恐怖心を軽減し、行動につながるポジティブなエネルギーを連鎖反応として生み出すことができます。

従業員エンゲージメントを高める「イベント・フォーカス・マネジメント」

オンラインの４つの特性「公平性」「迅速性」「拡張性」「自己同一性」

オンラインには、リアルな対面の場では実現し難い４つの特性があります。単純にリアルの集合イベントの場をオンラインで代替しようとするのではなく、オンラインだからこそ得られる特性や体験にフォーカスしたデザインをすることが重要です。

■フラット（公平性）

オンラインで複数名と会議をする際に、ＺｏｏｍやGoogle Meetを使うことが多いと思います。これらのツールで特徴的なのは、ギャラリービューと呼ばれる参加者がタイル状に並ぶ状態です。ここには、職場にあった席の序列や距離感がありません。職場であれば、上位役職者には専用の個室が用意されていたり、椅子の材質や机のサイズが異なっていたりと何らかの違いがあることが多いものですが、オンラインの場には、新人でも役員でも皆、公平でフラットな環境で臨むことができます。

■スピード（迅速性）

リアルでイベントを実施しようとすると、キャパシティの問題が発生します。たとえば、300人の管理職がいる大手企業で、対面でキックオフや研修などを実施しようとすると、1回のイベントは30名前後で10回に分けて行なうなど、どうしても受講時期にバラツキが生まれるという課題がありました。その点、オンラインであれば、1回でスピーディーに実施することが可能です。

■エクスパンション（拡張性）

オンラインは、地理的制約をいとも簡単に外し、その可能性を拡張してくれます。これまで、全国の拠点をキャラバンのように移動してワークショップを実施することもありましたが、オンラインなら多拠点を同時につなぐことができたり、異なる場所にいる関係者同士で直接、視界共有や対話をすることができるようになりました。

■アイデンティティ（自己同一性）

オンラインの４つの特性

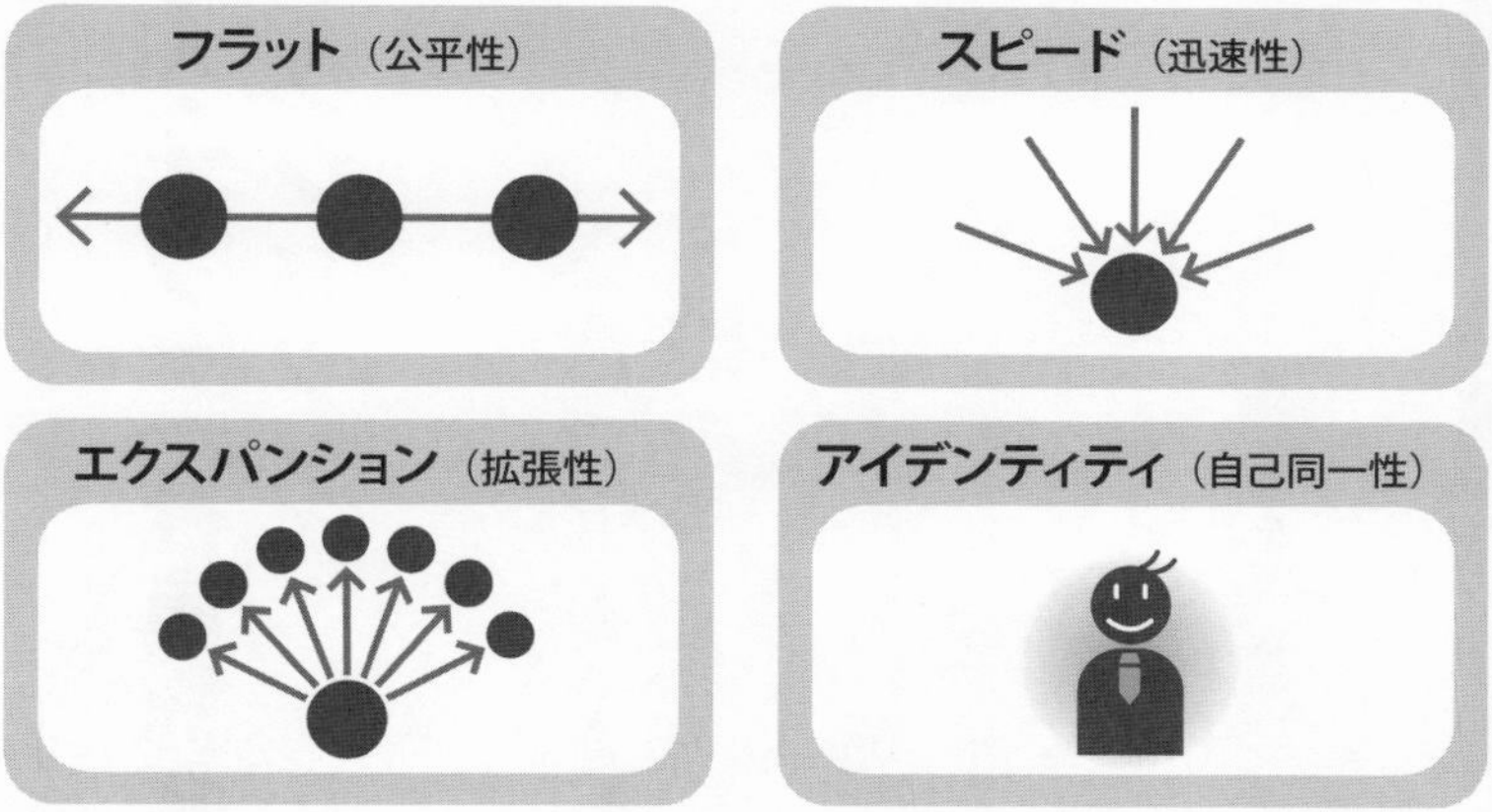

オンラインでアイデンティティが発揮できるとは聞き慣れないことかもしれませんが、テレワークで自宅の部屋から会議やイベントに参加すると、文字通り、アットホームな空間で、自分らしさを出して参加することができます。会社では出していなかった自分の個性を出し合うことで、これまでと違った角度から相互理解を深めることも期待できます。

以上、「イベントの３つの効果」と「オンラインの４つの特性」を活かしながら実施することで、オンラインイベントは人と組織が変わるきっかけの場として機能していくのです。

企業の成長の節目となるオンラインでも実施可能な「イベント」

「キックオフ」「社員総会」「表彰式」「ワークショップ」

企業において、成長の節目となるきっかけは、突然、非連続的に生まれる機会、たとえば、M&Aや分社化、社長交代、新商品発表、株式上場といったものと、一定の周期で円環的（サイクリック）に生まれる機会、社員総会、新年度キックオフ、方針共有会、各種ワークショップ、表彰式、社員旅行等があります。

非連続的に生まれる機会は、外部環境の変化もあり、事前に予測することが困難ですが、サイクリックな機会は、事前に準備し、意図的にその場を成長の節目としてデザインすることが可能です。

せっかくのきっかけの場を形式的に、あるいは単なる賑やかしで終わらせてしまっては大きな機会損失です。

また工夫をすれば、オンラインでリアルを超えるような場を実施できるにもかかわらず、

企業組織で行なわれる円環的なきっかけ（場）の代表的パターン

ビジョン・戦略方針の伝達・共創
キックオフ
Point
▶新たな戦略・方針の周知と自分ごと化
▶新商品・サービス展開の認識共有
社員（パートナー）総会
Point
▶中長期的な展望理解と現場（パートナー）接続
▶個別最適 < 部門横断の全体最適
部署開催推奨
全社開催推奨
ワークショップ
Point
▶関係の質を高めコミュニケーションの活性化
▶ものの見方をリフレームし、新たな価値創造に
表彰式
Point
▶受賞者への金銭報酬 < 感情報酬
▶社員の士気高揚の機会創造に
組織・人の活性化

テレワークで集合できないからと自粛してしまうのはもったいないことです。

大事なことは、主催者の目的と参加者のモチベーションがリンクするイベントをデザインし、プロデュースすることで、企業にとっても個人にとっても意味のあるきっかけの場として活用することです。


オンラインでも実施可能な、円環的なきっかけ（場）の代表的なパターンは、前ページのような図で表わすことができます。

縦軸は、ビジョン・戦略方針を共有することを主眼にした「事業寄り」のテーマと、組織や人の相互理解、関係性強化といった「組織寄り」のテーマが置かれています。

横軸には、どんなに会社の規模が大きくとも、「全社で開催する意義のあるもの」と、チーム単位から実施可能な「部署、部門単位で実施したほうが、豊かな経験のできるもの」と設定し、「キックオフ」「社員（パートナー）総会」「表彰式」「各種ワークショップ」を置きました。

これらの機会を、従業員エンゲージメントを高めるきっかけの場として意図的にデザインできれば、企業として圧倒的な競争優位につながります。

■キックオフ

・主に四半期毎の期初に、今期方針や戦略を共有、戦略と組織の動きを同期させる場
・新商品・サービスのローンチ時に、今後の戦略・方針の認識合わせをする場

■社員（パートナー）総会

・主に年に一度（四半期毎もあり）、全社の計画の振り返りと次年度戦略の周知の場
・部門を超え、全社の現状や展望理解、顧客や株主の声も意識する視点を広げる場
※代理店などパートナーを招いて同じ目的で実施する場合も多くある

■表彰式

・主に年に一度（四半期毎もあり）抜きん出た成果創出をした社員を称える場
・表彰という努力が報われる場があることで士気を鼓舞する場

■ワークショップ

・前述の「キックオフ」「社員（パートナー）総会」「表彰式」に含まれない、その他に該当する場

・主に組織課題の解決や人材の交流、活性化といったテーマで行なわれることが多く、参加者間の関係の質の向上や付加価値創造を行なう場

企業の成長の節目となるオンラインでも実施可能な「イベント」

エンゲージメントを高めるきっかけとなる非日常の場の要素

先に紹介したきっかけの場は、リアルの対面、オンラインに関わらず、すべて現場（オンサイト）から離れたオフサイトの空間で、日常のいつもの思考、慣習を脇に置き、関係者が同じ場を共にし、従業員エンゲージメントを高めることを可能にします。

日常的にも会議という「場」は豊富にありますが、エンゲージメントを高める節目となる「場」は、いつもの場と何が異なり、どんな成果を狙いとしているのでしょうか？

目的や基本性質を踏まえた上で、理に適っていれば、オンサイトの場も企業にとって不可欠なものです。

しかし、目的や性質が周知、管理といった「マネジメントの徹底、強化」ではなく、参加者の主体性を引き出し、共につくり出す「エンゲージメントの向上」なのであれば、オフサイトの場をつくることが有効です。

日常の会議の場（オンサイト）と非日常のイベントの場（オフサイト）の相違点

	オンサイト（通常の会議などの場）	オフサイト（現場を離れた特別な場）
主たる目的	マネジメント強化（方針の周知、推移管理、議案決議）	エンゲージメント強化（視界共有、課題発見、本音対話、未来創発）
基本性質	管理する、原因追求と議論、ショートターム（軸足は現在）	共につくる、生成的な対話、ロングターム（軸足は、過去・現在・未来）
参加者の役割	受動的（How に焦点）、肩書き・役職に基づく参加姿勢	能動的（What、Why に焦点）、肩書き・役職を外してフラットな姿勢
場所の属性	社内の会議室でクローズド、スマート、ロジカル	社外でオープン、フランク、クリエイティブ
時間	効率重視の短時間（30 分～ 1 時間）	能率重視の長時間（最低半日～ 2 日程度）
実施時間	頻繁に開催（毎週、隔週）	選択的に開催（四半期や半年毎）
求める成果	漸進的な改善、解決	非連続な変革、創造

そして、参加者同士が受け身ではなく、能動的に同じ時間（いま）と空間（ここ）を共有する場には、エネルギーが生まれます。ライブでの体感、体験機会は、人の感情を突き動かし、強烈な印象を残します。

企業の成長の節目となるオンラインでも実施可能な「イベント」

イベントを一過性で終わらせないために必要なサイクル化

人や組織が変わり、従業員エンゲージメントを高めるきっかけの「場」としてのイベントの力や、イベント・フォーカス・マネジメントの考え方には多くの人から共感の声が寄せられる一方で、効果の持続性を疑問視する声もあります。

もちろん〝一度のきっかけ〟だけで効果が永続することはありません。ではどのようにすべきなのでしょうか？

それは、イベントを企業の定期的な活動の場として設計し、経営のマイルストーンとして位置づけることです。具体的には、年次総会やキックオフなどを定期的に行なうイベントとして設計し、組織活動のモニタリング機会として活用することです。場当たり的にイベントを実施するのではなく、企業活動に計画的に埋め込むことで、経営やマネジメントに直結するインパクトを与えるよう、設計するのです。

またイベントは、マイルストーン、モニタリングの機会としての位置づけに加えて、MIT（マサチューセッツ工科大学）の経営学者、ダニエル・キム氏が提唱する「組織の成功循環モデル」になぞらえて位置づけることも可能です。

このモデルでは、チームや組織のメンバー間の「関係の質」が変われば、ものの捉え方や考え方の「思考の質」が変わり、「思考の質」が変われば、そこから生み出される「行動の質」が変わり、行動が変われば、最終的には、「結果の質」が変わるとされ、組織の成功を導くためには、さらなる「関係の質」を耕すというサイクルを回し続けていくことが重要であると唱えています。この「関係の質」を高める鍵も、同じ時間・空間の中で実施するオフサイトの対話の場にあると言えます。

オフサイトのイベントの場における体験・体感・対話こそが、集団の「関係の質」を変え、個々人の変革を阻む心理的なバイアスを取り外し、「思考の質」を向上させ、その結果、「行動の質」が高まり、最終的に「結果の質」の向上につながっていくのです。

さらに「結果の質」を社員総会や表彰式といったきっかけを通じてフィードバックする

組織の成功循環モデル

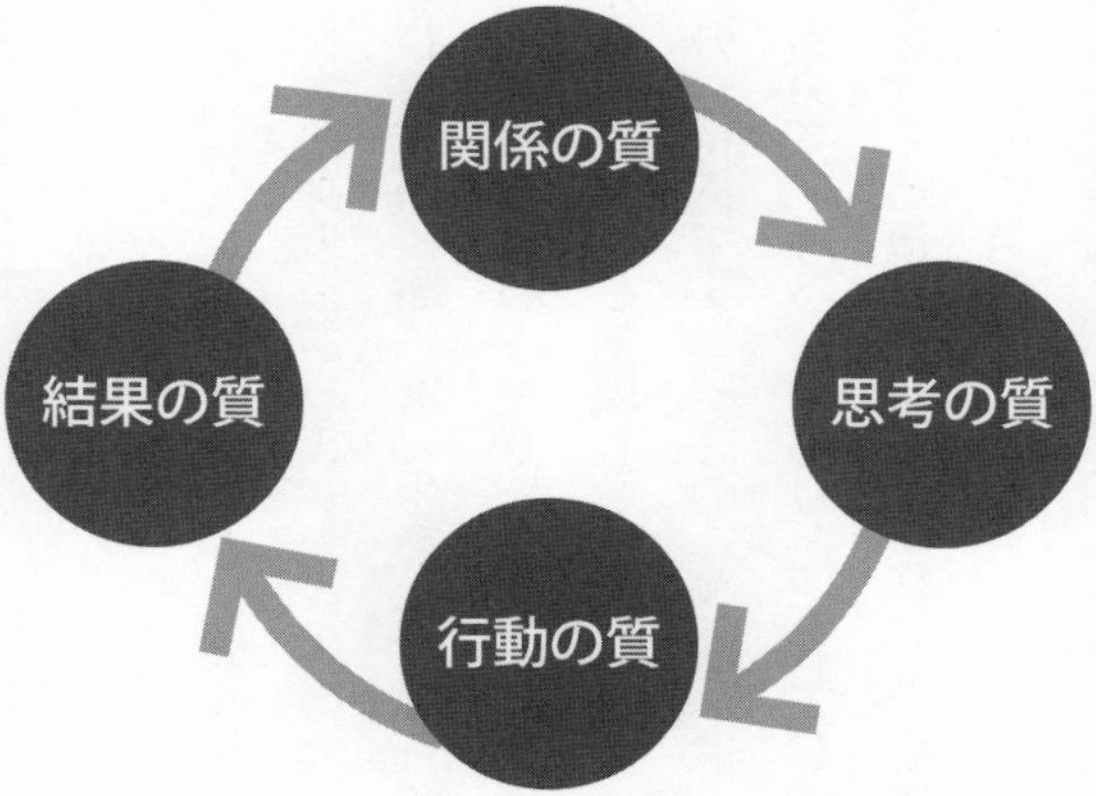

マサチューセッツ工科大学　ダニエル・キム教授が提唱

ことで、さらなる「関係の質」の構築にもつながっていくことが期待できます。

ぜひ、一過性で終わることのない、持続的な成長にリンクする、きっかけづくりを行なっていきましょう。

ショートコラム 1

生節《いきぶし》と死節《しにぶし》

私の大叔父（原田繁男）が、建築業を営んでいたこともあり、幼少期、材木が身近にありました。木は「節」があることで成長し、樹齢を重ねますが、節には「生節」と「死節」があります。

「生節」とは、枝が生きた状態で、周囲の組織と緊密に結びつき成長したもので、決して離れない健全な節です。つながりの強さ、強度が高いのが特徴です。一方の「死節」は、枯れ枝が幹の中に閉じ込められたもので、触るとぽろりととれてしまうほど強度が弱いものです。

家を建てる建材として「生節」の価値は高く、工芸品でも美術的評価が高いのが特徴です。

組織が成長していくためも同様に、「生節」となるような、互いを活かし合い、決して離れない、力強い、節目をつくっていくことが必要なのです。

生節

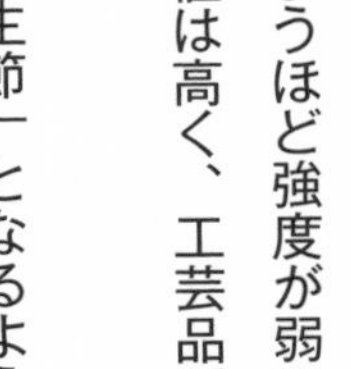

死節

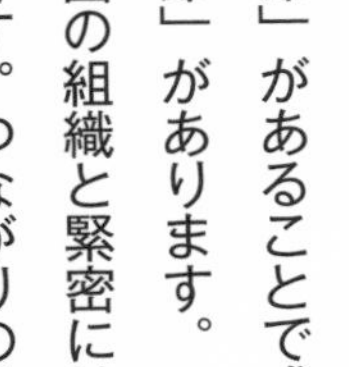

写真出典：浜松ものづくりプロジェクト　ホームページ

第２章

参加者の心が動く、場のデザイン

エンゲージメントを高める場をデザインするには、職場の状況を正しく見立てること（See）。参加者の感情に働きかけ、行動をかきたてる場を企てること（Plan）。最後に、「参加者」が「主体者」になる心理的安全性の高い場を開くこと（Do）。この３つのステップをしっかりと踏むことが必要。本章では、３つのステップについて詳しく解説する。

見立てる（See）、企てる（Plan）、開く（Do）

そもそも「場」とは何でしょうか？

そして、「場」をデザインするには、どのようなステップで進めればいいのでしょうか。

私たちが働く場所は「職場」と呼ばれ、人生の三分の一を過ごす貴重な場。そこで成長や幸福感を感じることができたら、どんなに人生が豊かになることでしょう。

「場」についての定義は複数ありますが、『場の論理とマネジメント』（東洋経済新報社）の著者、伊丹敬之氏は、「場とは、人々がそこに参加し、意識・無意識のうちに相互に観察し、コミュニケーションを行い、相互に理解し、相互に働きかけ合い、相互に心理的刺激をする、その状況の枠組みのことである」と述べています。

この「場」の中で、私たちは情報だけでなく感情もやりとりし、刺激を与え合っています。同氏は、「場」の中で濃密に情報や感情のやりとりが生じると、はじめに人々の「共通理解」が増し、次に「情報蓄積」が高まり、最後には、人々の間に「心理的共振」が起こるとしています。最後の「心理的共振」は、心と心の共振で、人々の心理的なエネルギー水準の高揚は、言い換えれば、エンゲージメントを高める大きな要因になり得ます。

それでは、人々がつながり合い、交わり合い、さらには、未知の可能性に向けて持てる力を解き放てるような場は、どのようにすれば、つくれるのでしょうか？　リアルの対面、オンラインに関わらず、そんな場をデザインするための３つのステップを紹介します。

おなじみのフレームワーク、「Ｐｌａｎ・Ｄｏ・Ｓｅｅ」ですが、ここではＰｌａｎ（計画）から入るのではなく、状況を正しく「見立てる（Ｓｅｅ）」からはじまります。はじめに、場をデザインする対象企業の「成長ステージ」について踏まえ、変革を妨げる心理的抵抗（エッジ）の存在を紐解き、参加者一人ひとりにどんな「声」があるのか、状況に応じて事前にインタビューも行ない明らかにしていきます。

次に、プログラムデザインに該当する「企てる（Ｐｌａｎ）」です。

詳細は後述しますが、出たとこ勝負の、行き当たりばったりのデザインをするのではなく、参加者の態度・行動変容が起こるように表層・深層の「４つの箱」やＫ・レヴィンの「変革プロセス」、脳科学やストーリーテリングの観点を活用した「感情設計」などのフレームワークを下敷きに置くことで、設計の再現性を高めます。

最後に、当日のイベントの場を開催する「開く（Ｄｏ）」です。

場の主役は、あくまで参加者です。場を開く意図や目的を、必然性が伝わるように事前に伝達し、心を込めて準備した「心理的安全性」の高い場に参加者を誘い、本音で情報や感情のやりとりが交わされることで「心理的共振」を最大化します。

そしてやがては、人々がつながり合い、交わり合い、未知の可能性に向けて持てる力を解き放ち、弾けるような場が生み出されるのです。

ちなみに、場を（Ｂａ）としているのは、会議室や運動場のような特定の物理的な場所（Ｐｌａｃｅ）を示しているのではなく、人と人の出会いや関係性の中で生成される、「い

場をデザインする３つのステップ

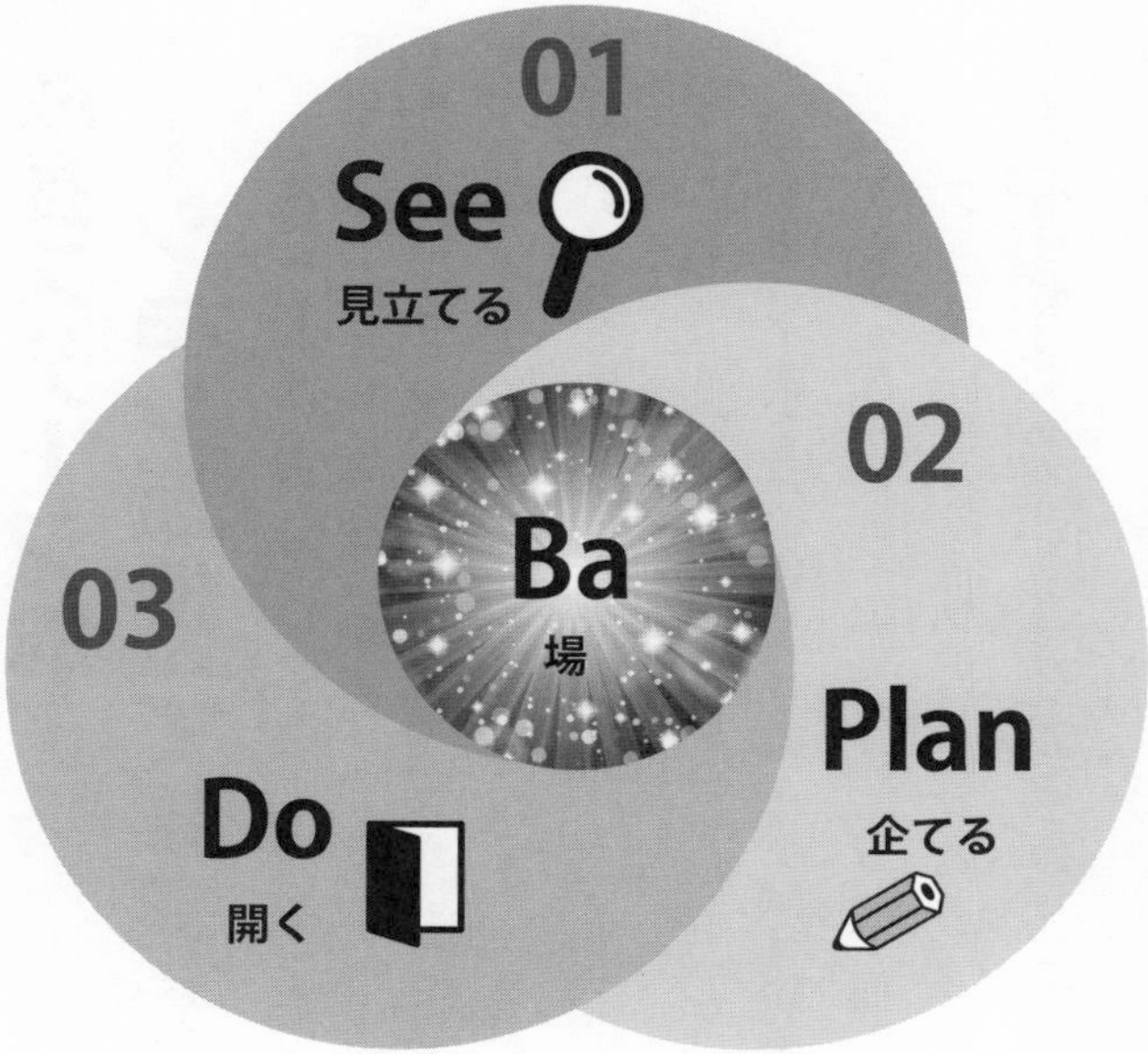

ま、ここ」の時間と空間から生まれる場を示しているので、単純な場所と区別するために、あえて、場（Ｂａ）と表記しています。

組織の成長ステージ別「モチベーション症例」で課題を見立てる

見立ての際に、今、該当組織にどんな課題が潜んでいるのか、企業レベルの一番大きな視点で見立てるのが、成長ステージ別「モチベーション症例」です。企業組織は、規模や業種に関わらず、ある程度、共通するモチベーション症例に悩まされています。

企業は、創業後、事業を軌道に乗せるため、試行錯誤を繰り返し、顧客獲得に努めます。一定の成功パターンが確立され、需要が高まると、拡大ステージに突入します。

拡大ステージとは、自社の商品やサービスが一気にヒットし、ニーズの急増に対応するために事業規模が拡大するステージのことを指します。急激な拡大によって創業時の少数精鋭の組織体制では立ち行かなくなり、人員急増により品質低下や業務効率の悪化を招く恐れがあります。かつてのような経営幹部との1on1のコミュニケーションは不可能とな組織の成長ステージ別「モチベーション症例」

再生ステージ

「無力感」「既決感」の蔓延

全社	セクショナリズム横行症
ミドル	マネジメント閉塞症
	組織ルール形骸症
現場	既決感疲弊症
	顧客視点欠落症

多角ステージ

「縦」「横」の距離感の拡大

全社	アイデンティティ喪失症
ミドル	マネジメント画一症
	組織ルール硬直症
現場	既存事業疲弊症
	全社視点欠落症

拡大ステージ

組織の複雑性の増大

全社	経営トップ依存症
ミドル	マネジメント不全症
	組織ルール不足症
現場	業務過多疲弊症
	長期視点欠落症

り、組織内の複雑性が増し、混乱をきたすのが特徴です。

こうした拡大ステージに潜むモチベーションの症例は、ステージごとに「全社」に関するものがひとつ、「ミドル（マネージャー層）」に関するものが2つ、「現場」に関するものが2つの計5つとなっています。

経営トップ依存症（全社） トップダウンによるリーダーシップが組織内に定着し、トップや幹部に対する依存心が醸成される。

マネジメント不全症（ミドル） 結節点を担うべきマネージャーがマネジメントに時間を割く余裕がなくなり、プレイヤー化してしまう。

組織ルール不足症（ミドル） 従業員間の体験格差が生まれ、会社・事業・仕事観等の違いから判断基準や進め方が属人的となる。

業務過多疲弊症（現場） 急激な業務拡大で、業務を遂行するリソースが慢性的に不足し、社内に疲弊感が蔓延する。

長期視点欠落症（現場）　業務拡大に伴い、目の前の仕事ばかりに目が向くようになり、仕事の意味や意義が薄れる。

次に訪れる多角ステージは、新市場への進出や新商品のヒットで一気に拡大したステージから、それらの派生事業が生まれる段階を指します。縦の階層が増え、派生事業への取り組みで横の関係も弱まり、縦と横の両方で距離感が拡大します。全体の〝一枚岩〟的な感覚は薄れ、事業や地域、職種や階層毎にカルチャーがつくられ、経営サイドの意志に反して経営と現場の心理的距離が拡がり、多様化と距離感のギャップの両方に頭を悩ませるのがこのステージの特徴です。多角ステージに潜む症例は以下の通りです。

アイデンティティ喪失症（全社）　事業、地域、職場、職種が細分化し、全体を束ねる自社の存在意義、共通の価値観に欠乏感が生じる。

マネジメント画一症（ミドル）　人の特性が多様化し、画一的なマネジメントに対して閉塞感を覚え、モチベーションに支障をきたす。

組織ルール硬直症（ミドル）　さまざまなルールが生まれ、運用コストが増大し、非効率性によりモチベーション低下が起こる。

既存事業疲弊症（現場）　新事業は旧事業の利益で支えられているにもかかわらず、旧事業は注目されず、不平不満の声があがる。

全社視点欠落症（現場）　目的・連携意識が薄れ、自部門の利益や防衛を優先し、全社視点の欠落がさまざまな障害を招く。

最後の再生ステージは、市場の成熟や商品の陳腐化が停滞を招き、事業・組織の両面でパラダイム転換が求められます。これまで成長を支えてきた旧事業の成功要因をリセットし、新たな勝ち筋を見出すことが必須ですが、組織内に育まれた過去慣性や変化に対する抵抗、無関心さなどがはびこり、従業員が無力感に苛まれやすいのがこのステージの特徴です。再生ステージに潜む症例は以下です。

セクショナリズム横行症（全社）　セクション毎で個別最適・内部指向・自己組織防衛が

強化され、職場間での対立が表面化する。

マネジメント閉塞症（ミドル）　顧客や他部門をつなぐマネジメントがなされなくなり、間《あいだ》のコミュニケーションチャネルが閉塞する。

組織ルール形骸症（ミドル）　組織内のさまざまなルールが目的喪失の手続き主義で鈍化し、目に見えない機会損失が増大する。

既決感疲弊症（現場）　過去の慣性が強く、変革に対する恐れが生まれ、「どうせ」という諦めと無力感がはびこる。

顧客視点欠落症（現場）　本来最優先に考えなければならない顧客の存在が後回しになり、現場で顧客の話が聞かれなくなる。

以上の観点を持っておくと、該当企業がどのステージに属し、どんな症状が起こっているのかを見立てる際に有効です。

変革を妨げる心理的抵抗（エッジ）を「プロセス構造分析」で見立てる

マクロ視点の成長ステージ別「モチベーション症例」を見立てることに加え、組織レベルで変革を妨げる心理的抵抗（エッジ）の存在を明らかにすることも有効です。

これから紹介するアーノルド・ミンデル氏が創始したプロセスワーク（プロセス指向心理学）の構造分析をもとにした見立て方は、チームの現在の姿と望ましい未来の姿、および、その間にある変革を妨げる壁（エッジ）を見立てる際に活用できます。

■ 1次プロセス

個人・チーム・組織の現状。慣れ親しんだいつもの世界。親しみやすいあり方。スタイル、アイデンティティ。何も生じなければ変化を欲せず、現状を維持しようとする。

■ **2次プロセス**

個人・チーム・組織に立ち現われようとする、今（1次プロセスから見ると）なじみのない未知の世界。あるべき姿や、ありたい姿。今はないアイデンティティ。

■ **エッジ**

1次プロセスと2次プロセスの間に存在する変化を妨げる壁。過去慣性や慣れ親しんだアイディンティティを維持しようとする思考行動様式、組織文化など。

エッジを超えざるを得ない変化に直面すると、引き金として、ディスターバー（妨害や望ましくない現実との直面）やアトラクター（思わず魅了される夢やビジョン）が生じて揺らぎが起こります。

このプロセス構造の理解を助けるために、以前、私がプロセスワーク研究所の所長であるスティーブン・スクートボーダー博士から直接教えていただいた北欧民話『三びきのやぎのがらがらどん』を用いて解説します。

むかし、三びきのやぎが食べものに困らず、心地よく暮らしていた。（1次プロセス）

ところが草が少なくなり、別の場所を探なくてはいけなくなった。（ディスターバー）
するとと、向こう岸に青々と豊かに草が生い茂る土地がある。（アトラクター）
橋を渡りたいが、下には、やぎを食べようとする怪物トロルが棲んでいる。（エッジ）
最初に小さなやぎが橋を渡ろうとすると、トロルに食べられそうになる。小さなやぎはトロルに「次のやぎのほうが大きくておいしいよ」と交渉して向こう岸に渡る。
二ひき目に、中ぐらいの大きさのやぎが同じように交渉し、渡る。
最後に大きなやぎがトロルと決闘し、倒して渡る。
三びきは、新たな土地を手にし幸せに暮らした。めでたしめでたし。（2次プロセス）
『三びきのやぎのがらがらどん』（福音館書店／マーシャ・ブラウン絵／瀬田貞二訳）

いかがでしょうか。このように物語に置き換えて、変化のプロセスを構造で捉えることで、より理解が深まったのではないかと思います。

そして、1次プロセス、2次プロセス、エッジという3つの要素で捉えると、組織の中で今、どんな流れがあるのか、あるいはどんな流れがこれから生まれ出ようとしているのか、ダイナミックに組織の状態を捉えることできるようになります。

プロセスワークに基づく構造分析図

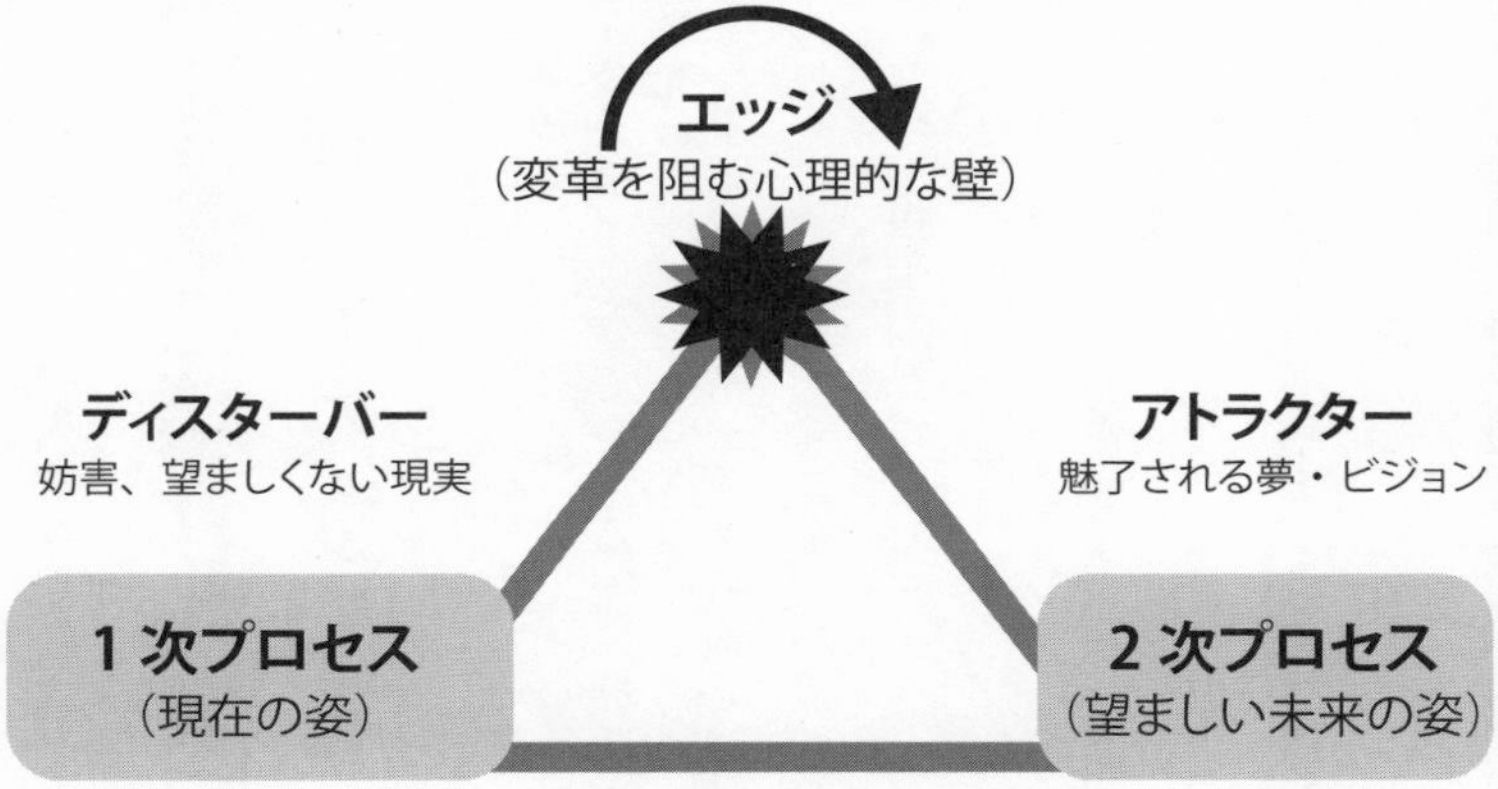

場をデザインする側としては、変化させたい２次プロセスに意識が向きがちですが、参加者が今いるところ（１次プロセス）を理解したり、変化を妨げるエッジを明らかにする試みは、場をデザインする次のステップ「企てる」フェーズで活きてきます。

表層の背景に隠れた深層の声や感情の存在を見立てる

もうひとつ、見立てをする際に押さえたいのが、現実に起こっている事柄の深層に、参加者のどんな声や感情、願いや痛みがあるのかという視点を持つことです。

この見立ての際に参考になる視点が、前述のミンデル氏の「プロセス指向心理学」に基づく「3つの現実レベル」です。

一番上の表層が「合意的現実」、英語で「コンセンサス・リアリティ」と呼ばれているレベルです。企業組織で言えば、目に見える客観的な事実や具体的で観察可能なレベルのことを指し、出来事、事実、数値目標や予算、計画などが該当します。チームを運営したり、企業を経営する上で、欠かせない要素の詰まったレベルではあるものの、ここに偏りすぎると、無味乾燥で面白みに欠けたり、事務的な手続きに終始し、メンバーの意欲が高まりません。「数字！　数字！」と言っている営業組織が疲弊してしまうのは、想像に難くありません。

ここまでが、表層的に起こっている観察可能で、目に見える、具体的に起きている現実や人々の言動を指します。

2番目が「ドリーミング」と呼ばれるレベルです。ドリームという言葉が示すように、すべての行動や目に見える結果には、源をたどれば、何らかの「夢」「願い」があります。そこには、さまざまな感情や希望、期待、失望、不安、恐れ、そして関係性の中で担われている役割などが含まれます。このレベルの要素をメンバーと一緒に分かち合うことで、お互いの理解がいっそう深まり、目標を遂行する上でエネルギーが高まります。

こんな価値を自分たちは世の中に広めたいんだ、というような意図や夢がメンバーに腹落ちすると、一番上の合意的現実レベルの数字の捉え方も変わります。

深層のドリーミングレベルにある「夢」や「願い」の質感が変わることで、合意的現実レベルが変わるということを、場のデザインの際に押さえておくといいでしょう。

一番下にある3番目のレベルが、「エッセンス」というビジョンやひらめきが起こるレベルと言われており、いわゆる一目惚れやビビッとくる感じ、やりたいと思う衝動など言葉で表現しにくいエネルギーを指します。

具体的には、企業のＤＮＡや文化、ロゴマークなどにそうした想いが詰まっています。このレベルには個々の対立が存在しないとされ、共有することで力が湧き起こってきます。

イベントの場をデザインする際は、表層的な合意的現実レベルにとどまらず、ドリームランドやエッセンスにも豊かな、声なき声が隠れていないか、見立てることが必要であることは言うまでもありません。

関係者にヒアリングする際は、組織の中で起こっている事実、状況といった表層部分だけでなく、それらの背後にある参加者の声や感情といった深層部分もヒアリングしたり、許されるのであれば、実際に参加者が働いている職場を見学させてもらったり会議に出席するなど参加者とリアルに会う機会を持てると、さらに様子が見えてくるのでお勧めです。

プロセスワーク　３つの現実レベル

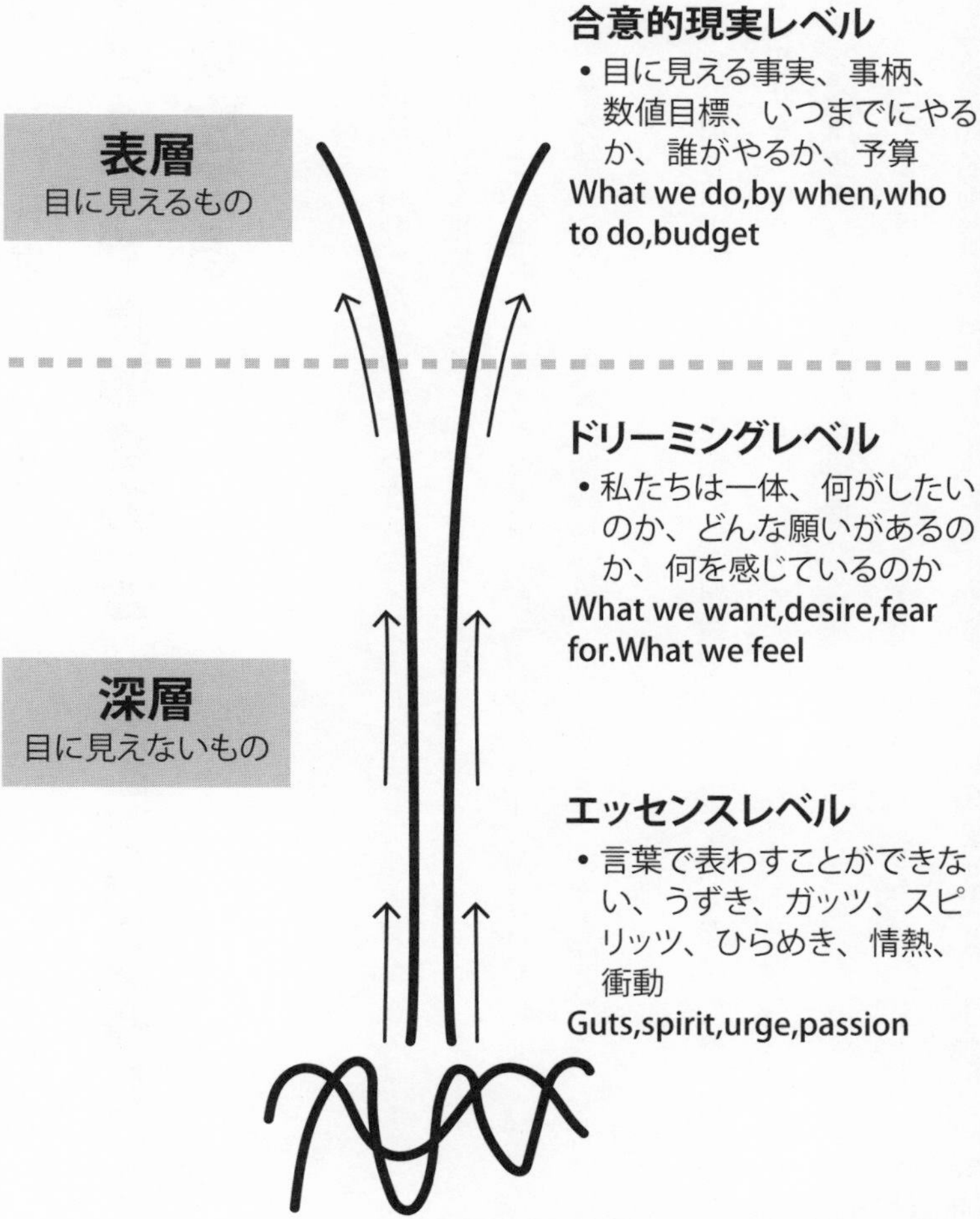
合意的現実レベル
・目に見える事実、事柄、数値目標、いつまでにやるか、誰がやるか、予算
What we do,by when,who to do,budget
表層
目に見えるもの
ドリーミングレベル
・私たちは一体、何がしたいのか、どんな願いがあるのか、何を感じているのか
What we want,desire,fear for.What we feel
深層
目に見えないもの
エッセンスレベル
・言葉で表わすことができない、うずき、ガッツ、スピリッツ、ひらめき、情熱、衝動
Guts,spirit,urge,passion

出典：『プロセス指向心理学』（アーノルド・ミンデル／春秋社）

【見立てる(See)】 状況を正しく見立てる

インタビューで参加者の「声」をヒアリングし、状況を見立てる

見立ての最後に紹介したいのが、参加者にインタビューして生の声をヒアリングすることで、正確に現状を把握することができるのでお勧めです。

人数が多い際は、組織のさまざまな階層からランダムにサンプリングして、「職場の現状」「チームの強み・弱み」「場への期待」「気がかりなこと」などを聞いておくといいでしょう。

少人数の参加者同士の関係性に課題がある組織で対話の場を開く際は、あらかじめ個別に組織の現状をヒアリングしておくと、見立ての際に有効なヒントとなるだけでなく、当日に向けた参加者の心の準備にもなります。

参考までに、私がワークショップの場をデザインしたケースをご紹介します。関係性に課題のある、10名前後の組織で対話型のワークショップの場をデザインする前に、参加者

一人ひとりから現状をヒアリングさせてもらいました。その際に、前述の「プロセス構造分析」の構図を参加者に説明した上で、葛藤解決やトラウマセラピーなどの分野で活用されているカード「COPE（コープ）」（喜びや悲しみといった感情表現を示すメタファーがデッサンされたカードで、言葉にしにくい、自身の気持ちや感情に近いものを選ぶときに活用することがある）等を使い、今、組織の中で何が起こっているのかを参加者自身に見立ててもらった実例が次ページの図です。

ビジュアルには、言葉には表現し難い文脈（コンテキスト）や質感、感情や夢へとアクセスしやすい特性があり、今、組織の中で何が起こっているのかを見立てる際に有効です。また、参加者自身に見立ててもらうことで、当日の場の主体的な参画感を事前に形成することもできます。

場合によっては、参加者の許可を得た上で、カードを使って全員で「プロセス構造分析」をするのもいいでしょう。それぞれが今の自分の組織をどう見立てているのかを、カードの配置を見ながら対話することで、深い相互理解の場をつくることができます。

参加者の声をカードを使ってヒアリングする例

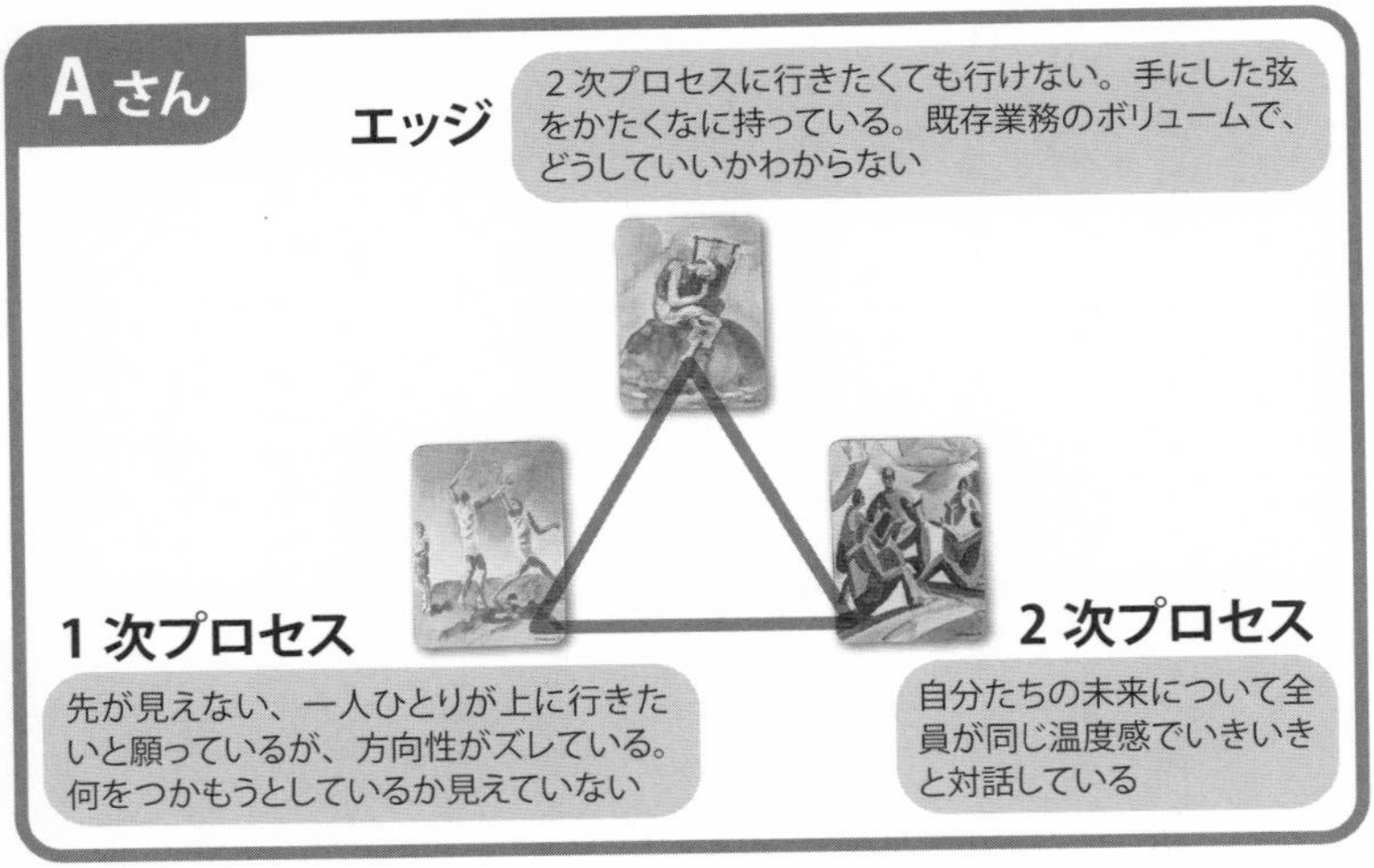
Aさん
エッジ
２次プロセスに行きたくても行けない。手にした弦をかたくなに持っている。既存業務のボリュームで、どうしていいかわからない
1 次プロセス
先が見えない、一人ひとりが上に行きたいと願っているが、方向性がズレている。何をつかもうとしているか見えていない
2 次プロセス
自分たちの未来について全員が同じ温度感でいきいきと対話している

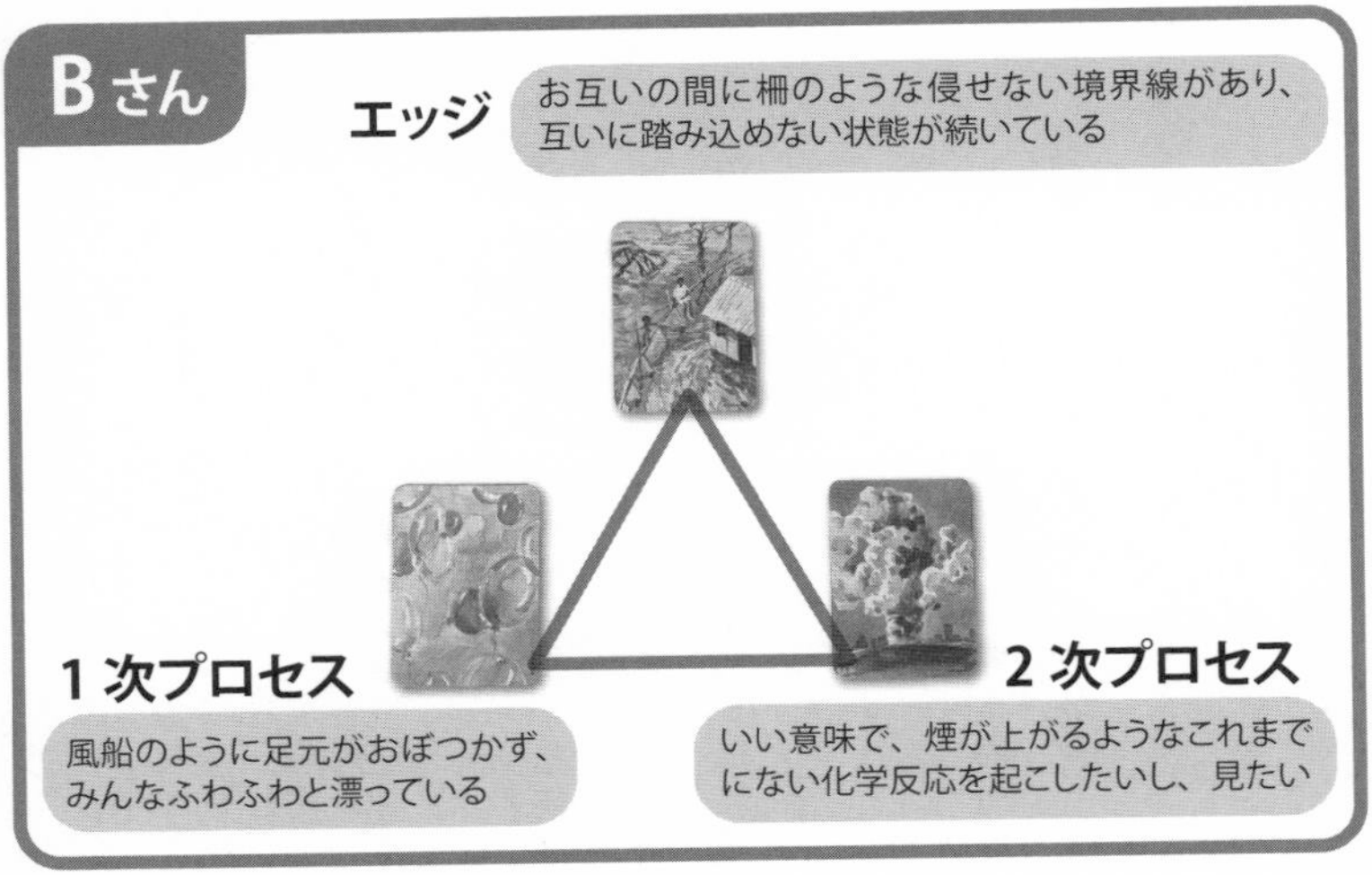
Bさん
エッジ
お互いの間に柵のような侵せない境界線があり、互いに踏み込めない状態が続いている
1 次プロセス
風船のように足元がおぼつかず、みんなふわふわと漂っている
2 次プロセス
いい意味で、煙が上がるようなこれまでにない化学反応を起こしたいし、見たい

【企てる（Plan）】感情に働きかけ、行動をかきたてる場を企てる

表層と深層の「4つの箱」を用いて「態度変容」を企てる

「見立てる（See）」で対象組織の状況を見立てたら、いよいよ、場をデザインする「企てる（Plan）」フェーズに入ります。

センスや直感に頼りきるのは、お勧めできません。私は、イベントやワークショップの成功は、デザイン7割、ファシリテーション3割だと思っています。出たとこ勝負で何とかしようとするのではなく、ある種の成功に向けた強い執着心を持って準備することが重要です。当日の場は、参加者の「態度変容」を起こすためにあり、何も生み出さない、賑やかしの場であってはなりません。

「態度変容」は、社会心理学における学術用語です。「態度」にはさまざまな定義がありますが、ペティ&カシオッポによれば、「ある人、対象、事柄についての全般的かつ持続

する好意的あるいは非好意的感情（feeling）」のことを指すとしています。「態度変容」は、文字通りその「態度」を変容させることを意味します。

そして、イベントの場で態度変容が起こらなければ、日常におけるリアルな行動変容は起こりません。

これを前提に、態度変容を企てる「4つの箱」を用いて場をデザインします。「4つの箱」の縦軸はプロセスワークの「3つのレベル」を表わし、簡易的に表層と深層で2つに区分しています。横軸はイベントの実施前（1次プロセス：個人・組織の現状。慣れ親しんだいつもの世界）と実施後（2次プロセス：個人・組織に立ち現われようとするもの。1次プロセスから見るとなじみのない未知の世界。あるべき姿や、ありたい姿）に区分し、下中央の態度変容の狭間に変容を阻むエッジ（心理的な壁）を布置しています。

たとえば、とある組織の期初のキックオフイベントの場をデザインするとしましょう。はじめに、参加者を取り巻く組織の環境や参加者自身の現状をヒアリングし、左上の箱、「行動X」に入る具体的事実や参加者の言動を明らかにします。

すると、「つい1ヶ月前に大幅な組織体制変更があり、退職者が2名出ている」とか、「掲げた目標の未達成が半年以上続いていて、できないことの言い訳を社員同志でよくし

態度変容を企てる４つの箱

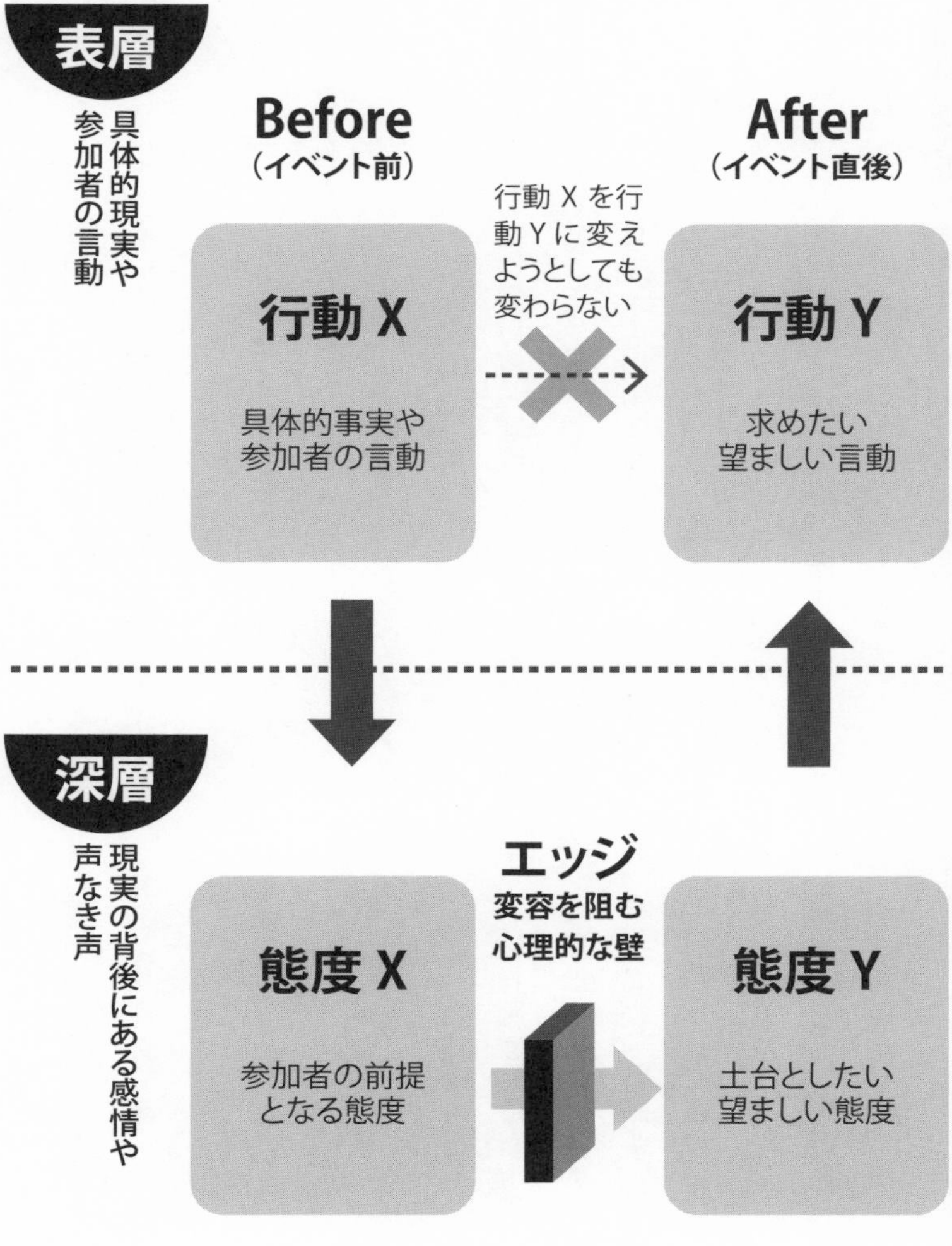
表層
具体的現実や参加者の言動
Before
（イベント前）
After
（イベント直後）
行動Ｘを行動Ｙに変えようとしても変わらない
行動 X
具体的事実や参加者の言動
行動 Y
求めたい望ましい言動
深層
現実の背後にある感情や声なき声
エッジ
変容を阻む心理的な壁
態度 X
参加者の前提となる態度
態度 Y
土台としたい望ましい態度

ている」などの事実が見えてきます。

次に、そうした、表層面で具体的に起きている現実や、参加者の実際の言動の前提にある感情や表に出てこない声「態度X」にはどんなものがあるかを見立てます。

「明確な方針が示されないまま体制変更が続き、社員間で悪い噂話を囁き合っている」「未達が続き、無力感が蔓延している」「経営は現場のことをわかってない！」などの声がヒアリングから聞こえてきたり、仮説として考えることもできます。

この暗黙の前提となっている「態度X」が変わらない限り、望ましい行動である右上の「行動Y」が現実に起こることはあり得ません。しかし、ありがちな失敗例が、具体的な事実や言動である「行動X」のよくない点を指摘して改善を求め、望ましい「行動Y」への変化を性急に求めてしまうことです。参加者に「言い訳するな」「前向きになれ」というメッセージを伝える場をデザインしても、そう簡単に人や組織は変わりません。

そこで、ワークショップやイベント終了直後、あるいはその後に職場でどんな言動や行動が交わされていたら好ましいかというゴールイメージ「行動Y」を、あらかじめスポンサーや事務局としっかりすり合わせるのです。

例）キックオフイベントにおける態度変容を生み出す地図

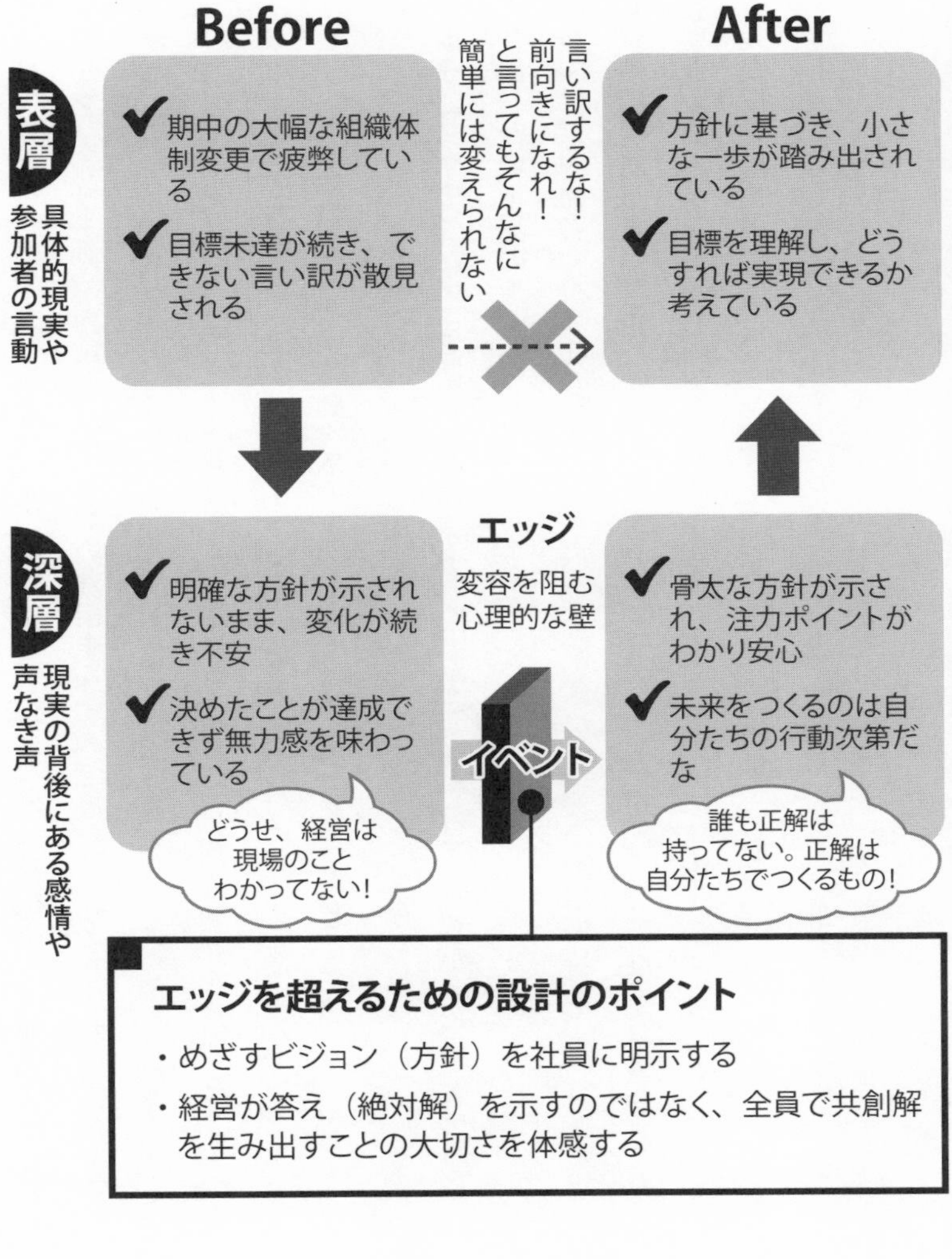
Before
After
表層
具体的現実や参加者の言動
期中の大幅な組織体制変更で疲弊している
目標未達が続き、できない言い訳が散見される
言い訳するな！前向きになれ！と言ってもそんなに簡単には変えられない
方針に基づき、小さな一歩が踏み出されている
目標を理解し、どうすれば実現できるか考えている
深層
現実の背後にある感情や声なき声
明確な方針が示されないまま、変化が続き不安
決めたことが達成できず無力感を味わっている
どうせ、経営は現場のことわかってない！
エッジ
変容を阻む心理的な壁
イベント
骨太な方針が示され、注力ポイントがわかり安心
未来をつくるのは自分たちの行動次第だな
誰も正解は持ってない。正解は自分たちでつくるもの！
エッジを超えるための設計のポイント
・めざすビジョン（方針）を社員に明示する
・経営が答え（絶対解）を示すのではなく、全員で共創解を生み出すことの大切さを体感する

たとえば、「方針に基づき、小さな一歩が踏み出されている」「目標をなぜ達成する必要があるのかを一人ひとりが理解し、できない理由を探すのではなく、どうすれば実現できるか考えている」などです。

その上で、「行動Y」の土台となる望ましい態度「態度Y」は何なのかを検討します。たとえば、「明確で骨太な方針が示され、成功への注力ポイントがわかって安心感した」「未来をつくるのは自分たちの行動次第だということに気づいた」などです。

このように、「4つの箱」で見立ててデザインすることで、自分たちがイベントを通じてつくり出したい世界の地図が立ち現われます。

この地図は、関係者と視界共有したり、形のないものをつくる際に期待値を調整する場合にも有効に機能します。また、地図にすることで、エッジを超えて態度変容を起こすために必要な設計ポイントがおのずと見えてくるので、この後に具体的なプログラムを考える上で大変役立ちます。

【企てる（Ｐｌａｎ）】　感情に働きかけ、行動をかきたてる場を企てる

変化を生み出す３ステップ（解凍→変革→再凍結）を下敷きに企てる

態度変容を生み出す地図（４つの箱）を手にしたら、具体的なプログラムの設計に入ります。

その際には、「社会心理学の父」と呼ばれたクルト・レヴィン氏が提唱した態度変容の３ステップを下敷きに置きます。クルト・レヴィン氏によれば、変化を実現するには、固く保持している信念や態度、価値観をまず「解凍」し、「変化」させ、「再凍結」するという段階的なプロセスが必要です。このプロセスを「アンフリーズ（Unfreeze）」「チェンジ（Change）」「リフリーズ（Refreeze）」と呼びます。

次ページ図のように、まずは固まった氷を溶かし（解凍）、液体という新しい形に変え（変化）、再度、違う形の容器で凍らせる（再凍結）ことで、形状の異なる個体ができあがるというステップです。

態度変容の３ステップ

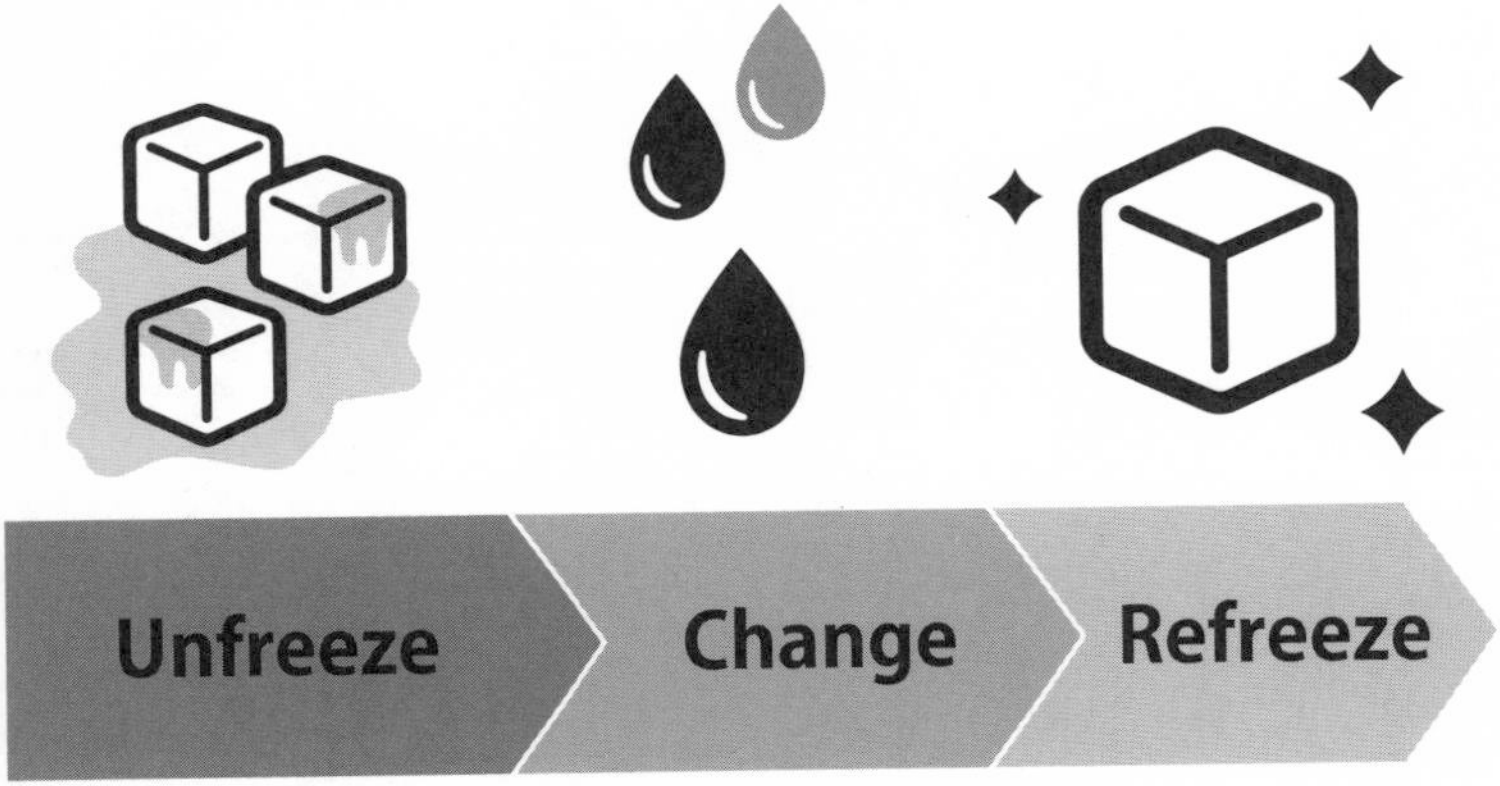

最も大事なポイントは、チェンジから入らないということです。北風的に変化を突きつけても、人や組織は急には変われません。

まずは過去の慣性や相互不信をほどき、心と頭の準備をし、次に向かうべき方向性を提示し、変化に向けた使命感・安心感を醸成させ、最後に行動の習慣化や全員で決めたこと、大事にしたいことを実現しようとする機運を高めるステップを踏んでいくのです。

こうした全体のフェーズが下敷きにあることで、参加者にいきなり心理的抵抗感（エッジ）のある問いを突きつけて対話させたり、高い目標を示すような「チェンジ（変化）」から入る場ではなく、アンフリーズからはじめる場をデザインすることが重要だとわかるようになります。

【企てる（Ｐｌａｎ）】感情に働きかけ、行動をかきたてる場を企てる

脳科学×ストーリーテリングの観点で感情の揺さぶりを企てる

イベントの場を、態度・行動変容にダイレクトにつながる場としてデザインするには、人の感情に訴え、行動に駆り立てる働きかけが必要です。そのためには、これから紹介する脳科学に基づいた設計とストーリーテリングの観点を持っておくことをお勧めします。

米国の神経科学者ポール・D・マクリーン氏が提唱する「三位一体の脳仮説」によれば、人間の脳は、76ページ図のように、脳幹にある爬虫類脳（反射脳）、大脳辺縁系にある哺乳類脳（情動脳）大脳皮質にある人間脳（理性脳）の順に進化を遂げてきたとされています。

人の感情は、主に情動脳（大脳辺縁系）から生まれるとされ、行動は感情を刺激されることで駆り立てられます。

三位一体の脳仮説

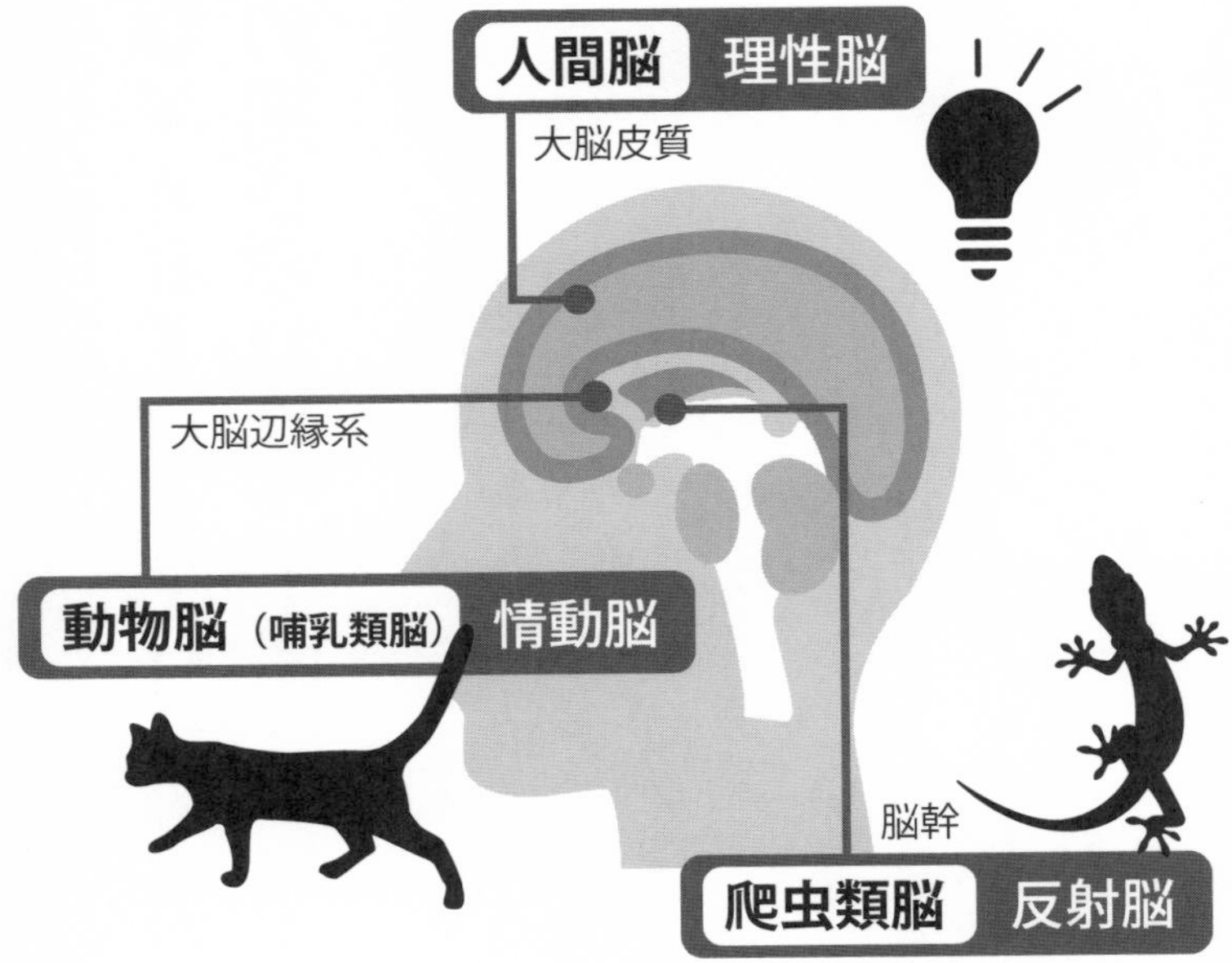

そして、感情を効果的に揺さぶるには、ハリウッド映画の脚本でも重用される「ストーリーテリング」の観点が有効です。

ＵＣＬＡの教授だったウィリアム・フローグ氏は、物語とは「鮮烈で、感情を刺激し、対立があり、はっと興味を引くような事件の連なり、またはその帰結」だと言います。

私たちは、手に汗握るハリウッド映画を観て、興奮、希望、期待、絶望、不安、緊張、驚き、安心感といった感情を物語（ストーリー）の中で体感します。

物語をどう構成すれば、当事者としての感情が刺激され、態度変容に結びつくのかについて私たちが考案したのが、感情を揺さぶるエモーションカーブです。それぞれの感情を刺激し、情動脳にある感情のトリガーをひくためのマジックを紹介します。

①非日常感「わくわく」＝空間のマジック

いつもの日常と異なる「非日常」の視界（空間）を見せることで緊張感をほどき、これからはじまることに対する「わくわく」感を醸成させる。

プログラム例：空間演出、座席配置、ＢＧＭや香りのパフューム、しおりなど

オンラインならティザーサイト（詳細情報を順次公開する興味喚起法）など

②没入感「ぎゅっと」＝時間のマジック

イベント開始時は参加者の意識が注意散漫な状態であることが多い（直前まで行なっていた過去の事柄に意識が残ってたり、終了後の未来の予定を気にするなど）ため、散漫、発散していた意識をいま・ここの「時間」に「ぎゅっと」集める時間を設ける。

プログラム例：チェックイン、オープニングスピーチ、アタック映像、舞台暗転など

③緊張感「ぞくぞく」＝目標のマジック

前述のアンフリーズのステップで揺らぎを与えた上で、「目標」（変化の方向性）を指し示す。ストーリーテリングの観点で言えば、感情は「対立」があることで大きく揺さぶられるため、目標のゴールと現在地の対立構造（コントラスト）を明確に示すことで、健全な危機意識から生じる緊張感（ぞくぞく）を高める

プログラム例：ビジョンと現在地のギャップの伝達、組織で起こっている不都合な真実の開示、サーベイ結果の開示、顧客の声アンケート、ムービー等による健全な危機意識の醸成など

④安堵感「ほっ」＝安心のマジック

高い目標や突破しなければならない課題や葛藤に際して、自分でもやれる、失敗してもチャレンジできると一歩踏み出せる勇気が生まれる安心・安全な場をつくる。今後に向けた道筋を示すことで「ほっ」とできる安堵感を高める

プログラム例：安全な場が生まれるグランドルールの策定、解決やブレイクスルーに向けたプランやツールの入手、一緒に壁を乗り越える仲間（同志）のつながりの強化など

感情を刺激する6つのエモーションカーブ

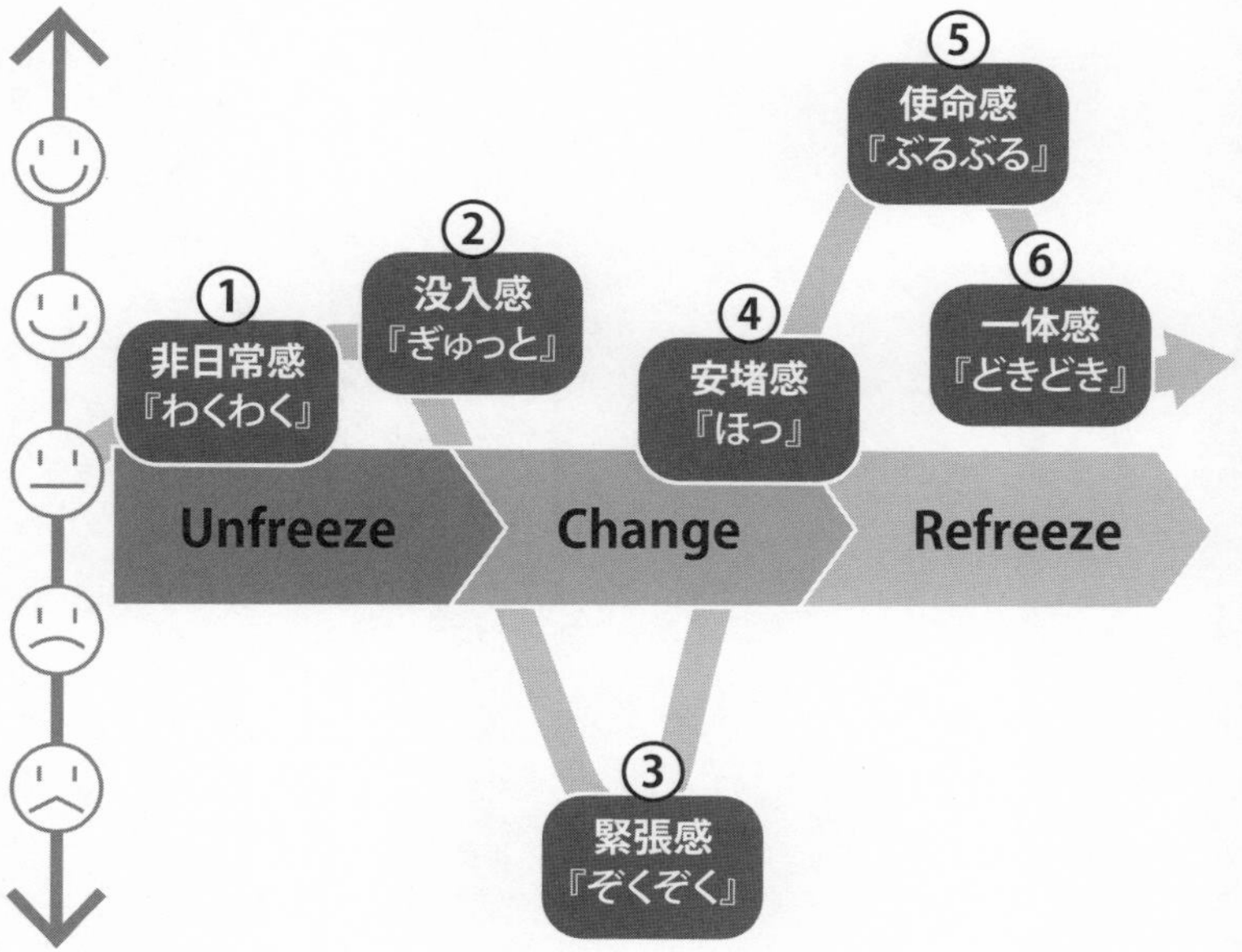

⑤使命感「ぶるぶる」＝習慣のマジック

チェンジのパートで明らかになった今後の道筋を実現するために、習慣化し、意識せずとも続けられる状態までアクションをブレイクダウンすることで、自分たちが決めたことを実行しようとする使命感、当事者になることで生まれる武者震いのような「ぶるぶる」を生み出す

プログラム例：アクションプランの作成、アクションを実行する上で生まれる葛藤と

解消へのアプローチのイメージング、実行に向けた役割分担など

⑥一体感「どきどき」＝集団のマジック

集団には、感情を増幅させるエネルギーが発生する。参加者全員で同じことをすることで一体感が生まれ、未来に向けた「どきどき」を生み出し、現場での具体的な実行に向けたエネルギーを装填し、場のピークエンドをつくり出す

プログラム例：コミットメント、全員で未来に向けた共同作品をつくる、身体を動かすムーブメントワーク、未来に向けた行動宣言など

【企てる（Ｐｌａｎ）】　感情に働きかけ、行動をかきたてる場を企てる

「探究脳」を刺激し、エンゲージメントを高める場を企てる

突然ですが、ここで実験です！

次のページに４枚の写真があります。

最初に目に飛び込んでくる写真は何ですか？

Are you Ready?

心の準備ができたら次のページへGO!

さて、あなたはどの写真が一番に目に飛び込んできましたか？

おそらく、右下の「蜘蛛」が真っ先に目に入ったのではないでしょうか？

ヒトは、進化の過程で自身の生存を脅かす特定の刺激に対し、反射的に注意を向ける特性があります。興味深いのは、意識せず、すぐさま、直感的に、無意識に脳を働かせることができる点です。

ここで、また、実験です！

次のページにある数式の答えを

すぐさま、
直感的に、無意識に、

算出してください。

Are you Ready?

心の準備ができたら次のページへ GO!

32×19×81

さぁ、いかがでしたでしょうか?

よほどの暗算熟達者でない限り、すぐさま、直感的に無意識に、答えを出すことができた人はいなかったのではないかと思います。

もちろん、計算式としては、小学生でも解ける掛け算なので、ゆっくり慎重に手順を踏んで論理的に考えれば、誰でも答えは出ます。


2つの簡単な実験で、行動経済学者ダニエル・カーネマンの理論を体感いただきました。人の脳は、無意識のうちに感情的ですばやく動く「システム1」と、意識的、合理的にゆっくり慎重に動く「システム2」の2つのモードで思考を処理するという理論です。

この無意識的な脳と意識的な脳の働きは、人類の進化と関係があると言われています。「三位一体の脳仮説」によれば、最も古く内側にある脳幹と小脳で構成された爬虫類脳の回路は生存に直結するため、反射的かつ、自動的に処理され、感情として意識に上がらずとも私たちの行動に強い影響を及ぼし、主に、「システム1」の領域に該当します。

そして、その周辺に発達した情動脳は、感情や学習、報酬といった社会性を育み、さらに外側の理性脳は、言語や計算、計画といった機能を司り、これらは、「システム２」の領域を指します。

人の感情に訴え、行動を駆り立てるように働きかけるには、こうした脳の特性を踏まえて企てる必要があります。

ロンドン・ビジネス・スクールの組織行動学教授のＤ・Ｍ・ケイブル氏は、多くの人間が自らの仕事に「没頭・熱中・尽力」できず、ワーク・エンゲージメントが低い理由は、近代的管理法にあると看破しています。産業革命期以降に組織が導入したのは、監視と評価を通じて目の前の作業に集中させることでした。それによる生産性の向上と引き換えに、自己表現を弱め、試行錯誤を通じて学ぶ能力を損い、自身が関わった最終成果物に対して達成感を抱く機会を奪ってしまったというのです。

さらにそうした行為が、「システム１」の爬虫類脳の古い回路にある感情システム、探究脳（Seeking system）※の抑制、不活性化につながると警鐘を鳴らしています。

※探究脳：神経科学者、ヤーク・パンクセップ氏の提唱する7つの基本的感情システム、SEEKING（探究）、RAGE（怒り）、FEAR（恐怖）、LUST（性欲）、CARE（慈しみ）、GRIEF（離別の悲嘆）、PLAY（遊びの楽しさ）のうちのひとつ。生存のために必要な資源を探索するときの興奮やポジティブな感情にも起因すると言われる。

私たちが新しいことを試し、未知のことを学びたいという強い衝動を感じるとき、探究回路は発火し、自由に「自己表現」しようとし、「実験」して試行錯誤しながら、行なっていることの意味合いを高次の「目的意識」として探そうとします。

結果、ドーパミンが分泌され、愉快で熱中し、いつもと違ってあっという間に時間が過ぎる、フローな時間を感じるかもしれません。新しいことを学びたいという、自らの内側に湧き起こる衝動に純粋に従うとき、人は、より創造的で生産的になるのです。

こうした、人が本来持つ「熱意・意欲・創造性」を職場でも解放するためには、感情、その中でも「探究脳」によって生み出される衝動を、偶然に委ねるのではなく、意図的にデザインすることが必要です。そして、本書で提案するイベントの場（Ｂａ）こそが、安心・安全な状況で探検、実験、学習を促すことで、「探究脳」が活性化し、結果的に従業員エンゲージメントを高めることにつながるのです。

以下、参加者が、諦めの学習性無力感から解放され、主体者になる場を開くためのポイントについて触れていきます。

ダニエル・カーネマンによる２つの思考モード

システム１

※古くから発達してきた
不合理な脳

- 早い（ファスト）
- 無意識
- 自動的
- 感情的
- 潜在的

システム２

※新たに発達した
合理的な脳

- 遅い（スロー）
- 意識的
- 制御的
- 合理的
- 明示的

★仕事中の「探究脳」が活性化しているとき

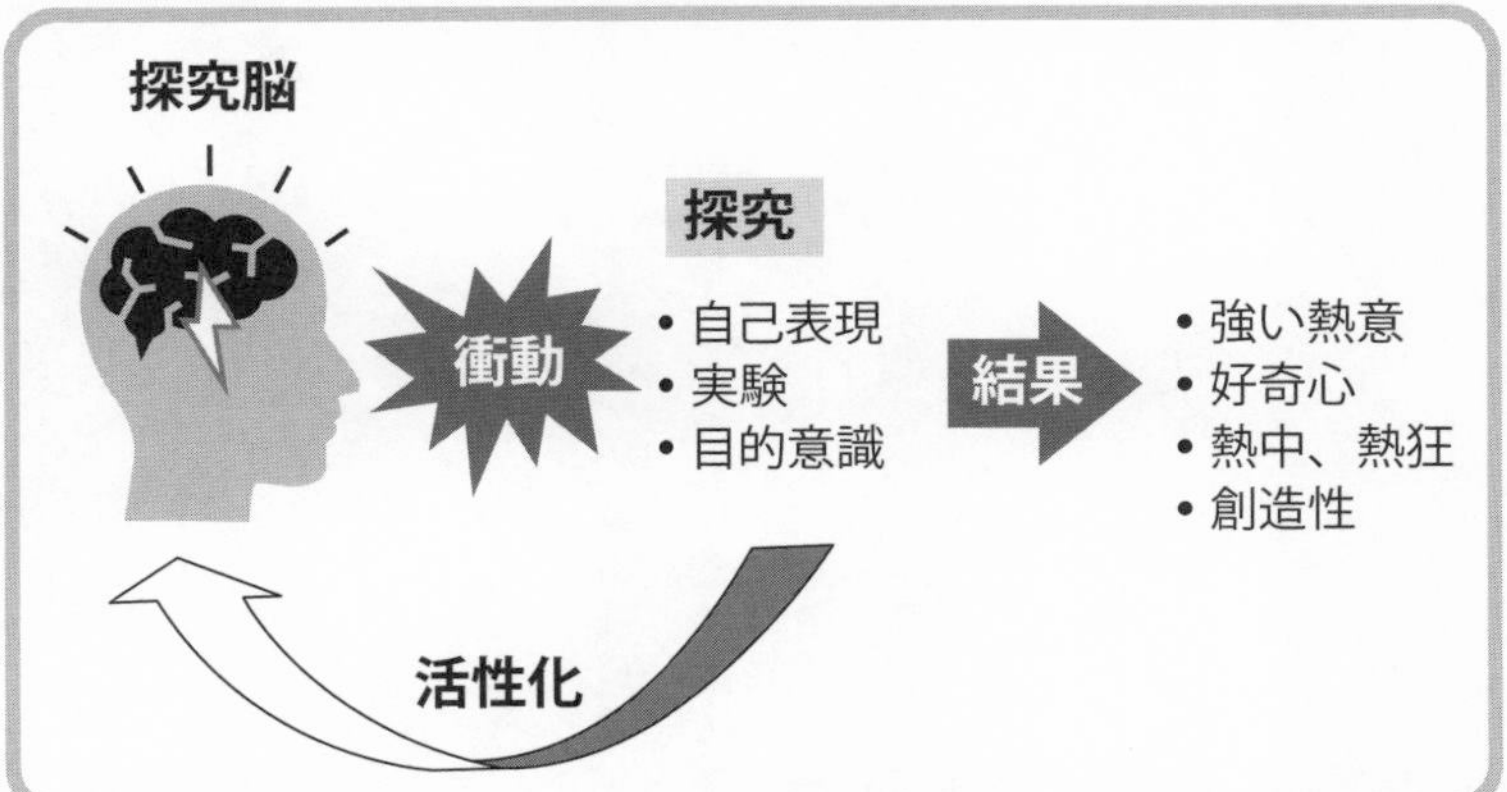

出典：『Alive at Work 脳科学に基づく働き方革命 』（ダニエル M･ケイブル／日経 BP）を基に一部編集

【開く（Do）】「参加者」が「主体者」になる心理的安全性の高い場を開く

「参加者」が「主体者」になる場を開く

イベントは、当日を迎える前からはじまっていると言っても過言ではありません。事前に、参加者に場の目的、狙い、進行役の紹介などをし、期待値を形成しておくのです。目的が不明瞭のまま当日を迎え、受け身で参加させることなく、事前に周知し、期待と準備を促すことで、ただの「参加者」ではなく、課題解決や未来創造の「主体者」とするのです。

効果的な方法として、想いを持って場を企画した事務局や、参加者にとって影響力のある人物から、場の目的や意図、参加者への期待を盛り込んだ「招待状」を送付することをお勧めします。私が以前、お手伝いした会社の社長は、社員（参加者）に左のような招待状を想いを込めて綴りました。

参加者の当事者意識を高める招待状の例

創業10周年リーダーセッション

〜これからの10年を歩む「顧客価値」を考える〜

20XX年、株式会社XXは創業10周年を迎えました。
皆さんと節目の年を共に迎えることができたことを、本当に嬉しく感じています。

今年、XX社はさまざまな挑戦を続けています。新規事業の推進、V字回復に向けた新体制構築、新卒メンバーの入社などを進めています。

一方、商況は現時点では厳しい状況が続いています。会社や顧客に対し、より高い価値を発揮できる会社づくりが急務となります。

私たちが価値発揮する対象は、利の源泉となるお客さまです。私たちは、どのようなお客さまに、どのような価値を、どのように発揮すべきなのでしょうか。このことに関して皆さんと視界合わせができていないため、効率と能率を最大化できていないという思いが私の中に根ざしていました。

このような問題意識から、節目の年にリーダーセッションを開催し、これからの10年を歩む上での顧客価値（＝バリュー）を定めたいと考えました。

このセッショッンに参加いただく、皆さんへの期待は、「経営チームとして、顧客に対し何を約束し、実行するのか」を徹底的に考え、そして定めることです。

ファシリテーターは、(株) リンクイベントプロデュースの広江さんに依頼しています。ご経験、専門的見地から進めていただきます、楽しみにしていてください。今回の場が、当社の更なる成長・発展の礎となることを期待しています。

令和X年X月X日　株式会社XX　代表取締役○○

こうした「招待状」で、目的や参加者への期待、ファシリテーターの紹介など、あらかじめ必要な情報を提供し、場のセットアップを事前に済ませておくことによって、参加者の参画感、温度感が高い中で場を開くことが可能になります。

事前の告知が十分になされなかった際は、少なくともイベントの冒頭に、ファシリテーター以外の、参加者にとって影響力のある人物から、この場の目的、参加する必然性のある理由、期待、留意事項などを伝えてもらってから場を開くことが参加者の主体性を引き出す上で有効です。

また、オンラインで実施する場合は、心理的距離感に加えて、物理的距離感も発生するため、参加者の主体的参画を促す準備がよりいっそう求められます。

たとえば、ＳＮＳのグルーピング機能を活用して、参加者をコミュニティに招待し、オーナーが場の目的や意図を明確に伝えたり、参加者同士の意気込みや自己紹介をオンラインのコミュニティ上で事前に済ませておくと、大変有効です。

教育学の概念のひとつに「反転授業」と呼ばれるものがあります。

従来型の教育は、講師が教壇に立って講義を行ない、復習として課題が出されるというパターンですが、反転授業はその形態を「反転」させたものです。自宅で「授業」を映像で予習し、実際の授業の時間には講義ではなく、参加者同士の意見交換や講師からのフィードバックをもらうなど、学びのインプットとアウトプットの場を反転させることで、参加者の主体性を高める教育手法です。

長時間の集中力が継続しにくいオンライン型のワークショップなどでは、参加者に知っておいて欲しい情報を映像や資料として事前に提供し、一定のインプットをしてから参加してもらうことで、時間の短縮化と参加意欲を引き出すことが可能です。

「心理的安全性」が高まる場を開く

我が家には、生後10ヶ月の末娘がいます。ようやくつかまり立ちを覚え、お座りしてひとりでおもちゃで遊ぶことができるようになりました。ただし、ひとりで遊ぶことができるのは、母親の気配を近くで感じられる場合のみ。母親の姿が一瞬でも見えなくなると途端に不安になり、キョロキョロしたり、泣きはじめます。

母親の存在が、ある種の安全基地（セキュアベース）となり、何かあったらすぐに戻れる安全基地がそばにあることによって、不安や恐れを感じずに「探索行動」をすることで健全な発達が促されます。

このことを理論化したのが、イギリスの精神科医、ジョン・ボウルビィとメアリー・エインスワースによる「愛着理論」で、「すべての人は、生まれながらに親密さと安心を得ようとする欲求を持っており、自分を守ってくれると感じられる人からそれを得ようとする」という前提のもとで展開される理論です。

幼児と同様、大人も働く職場が安全基地になれば、快適領域を抜け出し、「探索行動」としてのチャレンジや冒険を積極的にするようになるのではないでしょうか。

近年では、ハーバード大学で組織行動学を研究するエイミー・C・エドモンソン教授が、これに近い概念として「心理的安全性」という言葉を生み出し、注目を集めています。同氏によると、心理的安全性が低い状態の組織のメンバーには、常に4つの不安がつきまとうと言われています。

・無知だと思われる不安（Ignorant）
・無能だと思われる不安（Incompetent）
・邪魔をしていると思われる不安（Intrusive）
・ネガティブだと思われる不安（Negative）

心理的安全性が低い状態では、これら4つの不安が妨げとなって意見や行動に制約がかかり、対話の質やチームの生産性が低下する可能性が指摘されています。

心理的安全性を高めるには、ワークショップ、イベントの場が安全な場であることを意識づける必要があります。イベント冒頭に、場のグランドルール（対話の場で大事にしたいこと、お約束）を参加者間で策定することがお勧めです。

左の写真は、安全な場をつくり、参加者の主体性を引き出すために、ワークショップの冒頭でグランドルールをつくった際の板書です。

「どんな雰囲気でこの場を進めていきたいか？」「もし、困難な状況が生まれたら何を信頼したいか？」「お互いに約束できることは何か？」という問いをファシリテーターの私から参加者に投げかけつつ、出てきたキーワードを記しています。いくつか出てきたところで、最も大事にしたい要素に星印をつけてもらうと、「全員主体者」「嘘をつかない」「批判しない」「明るく」「素直に」に決まり、このグランドルールを常に参加者の目のつくところに掲げておくことで、安全な場で自由闊達な対話の場を育むことに寄与しました。

オンラインでイベントを実施するときも同様に、参加者の目につく画面に表示したり、チャットで記載したりすることをお勧めします。

グランドルールがあることで、心理的安全性を自分たちで担保しようとする主体的な場が生まれ、対話の質がぐっと深まります。

ワークショップでつくったグランドルール

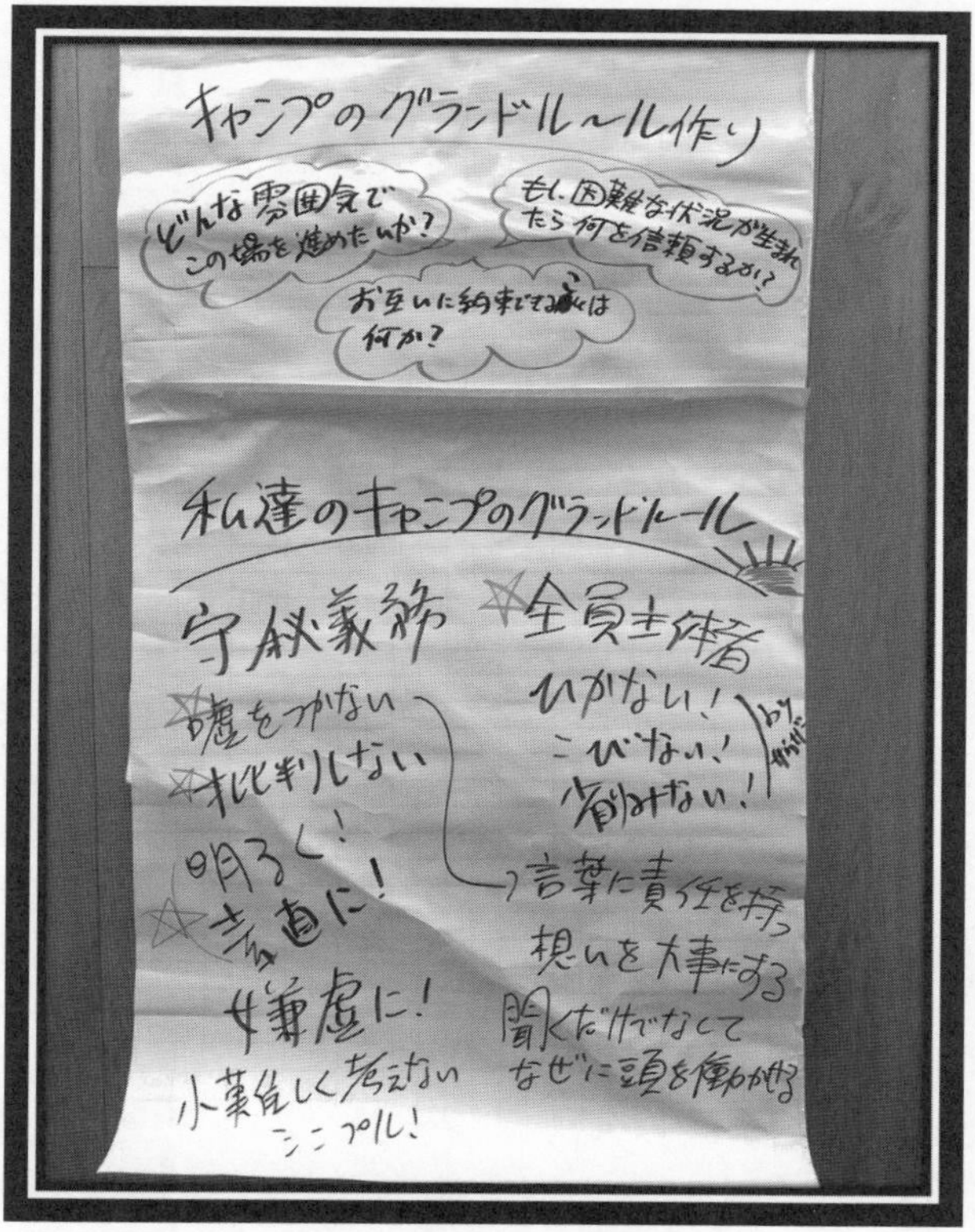

オンラインで考慮すべき影響「肉体的影響」「精神的影響」「脳内影響」

オンラインには、31ページで述べた4つの特性「公平性」「迅速性」「拡張性」「自己同一性」以外に、考慮しなければならない負の側面もあります。「Zoom疲れ」という言葉があるように、長時間にわたるオンラインの会議やイベントは集中力の欠如や肉体的疲労を誘発します。

そもそもオンラインでのやりとりには、どんな影響があるのでしょうか？　肉体的、精神的、脳内それぞれの影響とその対策について紹介します。

■ 肉体的影響

長時間、オンラインで画面を見続ける身体的負荷は図り知れません。ノートパソコンやスマートフォンなどの小さな画面を凝視し続けることで視覚疲労が蓄積することに加え、

1日中座りっぱなしで移動が最低限になると、体内の血液の循環も滞り、いわゆるエコノミークラス症候群を誘発するリスクもあります。

対策：長時間の実施を回避するために、Ｚｏｏｍの使い方など学習が必要な情報はレジュメや映像で事前に確認しておいてもらい、当日は極力、双方向の対話中心に。また、1時間に1回程度、ストレッチや身体を動かす時間を取る。

■精神的影響

画面越しのコミュニケーションで相手の反応がわかりづらく不安になったり、過度な集中状態が持続するため気分転換ができず、精神的にも負担を強いられます。

対策：あいづち、拍手などのリアクションの奨励、いいね！と思ったらボタンで反応、チャット記入の促進、その他、コンテンツによっては、画面をオフにして好きな態勢（寝転がってもＯＫ）での対話を奨励する時間を取る。

■脳内影響

脳は、何も活動せずにぼんやりしていると、デフォルトモードネットワーク（ＤＭＮ：無意識化で脳が活動している状態のことを指す用語）になり、このときに、過去に蓄積された情報や経験が再整理され、創造的なアイデアがひらめきやすいと言われています。たとえば、会議室でハチマキを巻いて斬新なアイデアを求めるよりも、外を歩いていたときにふとひらめいたような経験は誰しもあるのではないでしょうか。オンラインで隙間のない時間を過ごしているとDMNになる余白がない状況になり、アイデアが出にくい脳内環境に置かれます。

対策：開始前に3分間のポーズ（休止の意、瞑想タイム）の時間を取る。途中に適宜リフレッシュタイムを取る。単純なトイレ休憩ではなく、ネイチャータイムと称して、窓を開けて空気の入れ替えをしたり、外の自然音、雨音、風の音、木々が揺れたり、鳥のさえずりを聴くような時間を静かに過ごしてもらったりする。

【開く（Do）】「参加者」が「主体者」になる心理的安全性の高い場を開く

イベント実施後のアンケートで参加者を「評価者」にしないポイント

最後に、重要な「アンケートの設計」のポイントをお伝えします。

イベントやワークショップの終了後、参加者に今日の気づきや感想をアンケートで提出してもらうよう依頼することは、よくあります。その際に、とりあえず参加者の声を集めておこうといった軽い気持ちでアンケートを取るのはやめましょう。

アンケートを取る目的は、大きく2つあります。

ひとつは、コンテンツのブラッシュアップやファシリテーターの進行の改善を図るために、実際に受けてみて、やってみてどうだったか、コンテンツの有用さや進行のわかりやすさに対する感想や満足度を聞くもの（101ページパターンA参照）。

2つ目は、変革活動の一環として、このイベントを通じた自身の〝気づき〟を問うもの

（パターンB参照）。

この2つの方向のどちらのスタンスでアンケートの設問を設計するかによって、参加者の関わり方が変わってきます。

パターンAとパターンBを実際に比較してみてください。いかがでしょうか？　両者の違いは、明らかですね。

パターンAでは、参加者の視点がイベントそのもののクオリティがどうだったのか、時間軸でいえば、「過去」に焦点が当たり、評価者視点になります。

パターンBでは、自己内省を促し、これからどんな変化を自ら起こそうとするのか、参加者の視点は「未来」に焦点が当たり、主体者的視点に変わります。

コンテンツのブラッシュアップが目的だったり、ファシリテーターの育成視点が強いのであれば、前者でもいいのですが、参加者に変化を起こしたいのであれば、最後のアンケートによって評価者目線にさせないような工夫が必要です。


また、オンラインであれば、SNSのコミュニティ機能を使って「学びや気づきをシェアしましょう」という趣旨で、各自が記入した気づきを見られるようにすると、イベント終了後の熱が冷めにくくなります。

イベント後のアンケートの例

パターン A

Ⅰ. 今回のイベントはいかがでしたか？
（該当するものに○をつけ、その理由を記入してください。）

5 大変よかった　**4** よかった　**3** ふつう　**2** あまりよくなかった　**1** 全然よくなかった

Ⅱ. ファシリテーターの進行はいかがでしたか？
（該当するものに○をつけ、その理由を記入してください。）

5 大変よかった　**4** よかった　**3** ふつう　**2** あまりよくなかった　**1** 全然よくなかった

パターン B

Ⅰ. 今回のイベントを通じて、あなたは、どのような“気づき”を得ることができましたか？

Ⅱ. 対話を経て、明日から自分として、どのような行動を起こそうと思いましたか？

ショートコラム 2

日本文化に学ぶ共創の場づくり

共創の場は、日本文化と親和性があります。たとえば茶道には、「主客一体」という考え方があり、主と客人が対等の立場で一緒に同じ時間と空間を楽しみます。また、連歌は、多人数でひとつの作品をつくるという共創を地でいくもので、上の句「5・7・5」(発句)を最初の人が詠んだら、次の人がそれに合う下の句(脇句)「7・7」をつけます。3人目がこれに新たな上の句「5・7・5」をつけるといったように、数珠つなぎで句をつけていきます。興味深いのは、同じ言葉やイメージを想起させる語を近接して使うのを禁ずるなど、常にダイナミックな変化を楽しむ要素があることです。今こそ、民族の中にある、共創(コ・クリエイション)のDNAを呼び醒ます必要があるのではないでしょうか。

写真出典：道後公園湯築城跡　ホームページ

第3章

成功する場のファシリテーション

正しい「見立て（See）」としっかりと「企てた（Plan）」プログラム、これらを成功させるも失敗させるも、ファシリテーター次第。ファシリテーターの役割として求められるのが、いかに「安心・安全な場をつくれるか」、視座の転換や新たな発想・アイデアの生まれる「対話を促せるか」。本章では、成功する場をつくるためのファシリテーションについて解説する。

今、なぜファシリテーションが求められているのか？

従来、イベントを進行する役割は、「司会」と呼ばれ、あらかじめ用意された「式次第」に沿って、円滑に、つつがなく「式」を進めていくことが求められました。もちろん、伝えるべき内容が固定化されている場合には、効率的なスタイルと言えます。

一方、これまでご紹介してきた、組織と個人のエンゲージメントを高める場を生み出すための「イベント」では、情報を伝えるだけではなく、いかにその場で起こる「声」や「知恵」「インパクト」を集め、それを踏まえて新たなエネルギーを協働によって生み出す、ダイナミックな対話生成プロセスを進めていけるかが求められます。

そこで重要な役割を果たすのが、一人ひとりの参加者の意志やアイデアを引き出して、全体としての価値に変換するファシリテーターです。場の成功は、ファシリテーターにかかっていると言っても過言ではありません。

ファシリテーターとは、組織に根ざす課題や要因を、現場の当事者（参加者）の力を引き出して、容易にことが運ぶように促す人のことを言います。

ここで注目いただきたいキーワードは、互いの力を活かし合う「相互性」です。ファシリテーターと参加者の一方が「がんばる」のではなく、お互いの力を活かし合い、落とし所のない、期待を超えた新たな価値を共につくり出していく——まるで即興ダンスを楽しむような遊び心を持ってフロアに立つことも、ファシリテーターとして求められます。

そういった意味では、場の成功は、参加者（ダンサー）とファシリテーター（パートナー）と問いやプログラム（リズム）の三位一体であり、一緒に踊る、共に場をつくる喜びを見つけることが必要です。そして、頭ではなく相手のハートに目を向け、好奇心を持つこと。「結論」に誘導することを急がない腹括りも求められます。

イベントの成否を決定づけるファシリテーターに求められる4つの役割

イベントは、どんなに的確に「見立て（See）」を行ない、斬新なプログラムを「企て（Plan）」たとしても、最後に実際の場を「開く（Do）」際に失敗すると、それまでの労力が水泡に帰します。そして、この「開く（Do）」パートの成否の鍵を握るマスター的存在が、ファシリテーターです。大きく分けて、次の4つの役割があります。

■ ①プロセスをデザインする

プロセスをデザインするとは、前章でお伝えした「見立てる（See）」で対象企業の成長ステージ、症例を見定め、課題設定を行ない、「企てる（Plan）」で態度変容を生み出す地図（4つの箱）を整理、3つのステップ「解凍（Unfreeze）」「変化（Change）」「再凍結（Refreeze）」を下敷きにプログラムを設計することを指します。

ファシリテーターの役割

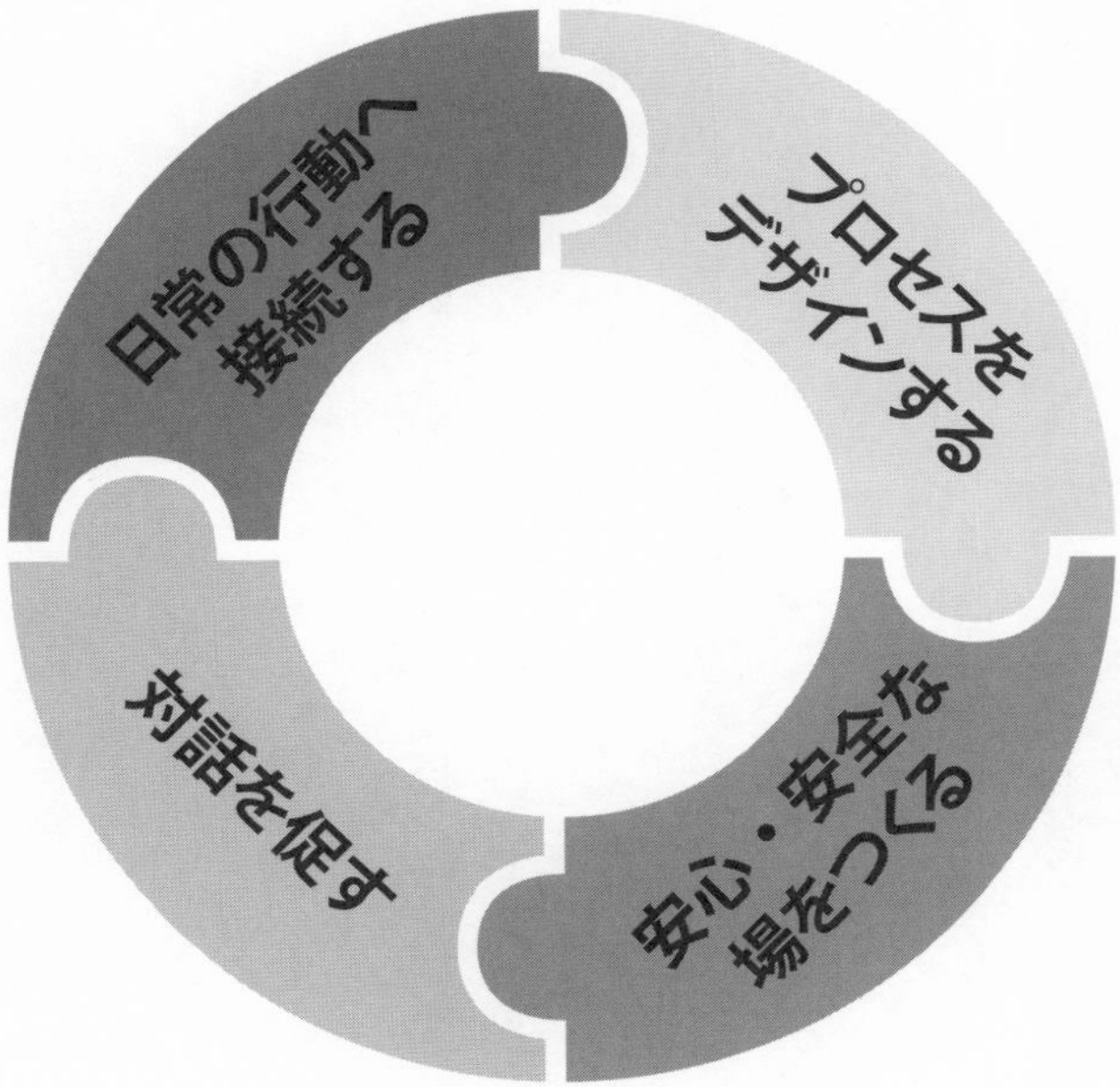

ファシリテーター以外に別途デザインを行なうコンサルタントがいる場合もありますが、ファシリテーターは、ひとたび場が開かれれば、そこで起こるあらゆる事柄や反応に即興的に対応しなければいけない「板の上の人間」になることから、誰よりも場のイメージを持ち、デザイン力を磨く必要があります。

■②安心・安全な場をつくる

心理的安全性を高めることが、参加者の自主性や場の温度を高めることにつながることは、先に説明した通りですが、第一にファシリテーター自身が安心・安全な存在でいる必要があります。そのためには、否定や評価・判断を振りかざすことなく、参加者と共にいる姿勢が求められます。

■③対話を促す

そもそも「対話」とは何でしょうか？　似て非なるものに、「議論」や「会話」があります。「議論」（Discussion）は語源に「打ち砕く」という意があるように、どちらの意見が正しいか、正しくないかを表わすものです。２つの異なる意見があった場合、議論をしても、それぞれの本質は変わらず、一方が勝ち、もう一方が負けるという形になります。また「会話」（Conversation）は、語源に「共に交わる」という意があるように、互いに自分の意見を主張し合って終わることが多く、そこから新たなものが生まれる可能性は高くありません。

一方、「対話」（Dialogue）は共同で達成されるものであり、ＡもＢも意見が変化し、かつ双方が新たなステージにたどり着くことができるものを指します。エンゲージメントの高まる場では、双方向の対話のプロセスが設けられ、視座の転換や新たな発想やアイデアがその場から生まれます。

■④日常の行動へ接続する

対話で明らかになった変化の道筋を実現するために、習慣化し、日常に落とし込めるようアクションを定めて、共有や宣言をします。自分たちが決めたことを確実に実行できるような日常へと橋渡しを最後に行なうことが必要です。

イベントの主旨や目的にもよりますが、その後の変化を1ヶ月、3ヶ月後と期限を決めてモニタリングしたり、イベントの温度感が現場に伝播するように、参加者に実践のハンドブックを渡して、ファシリテーターになってもらい、職場対話会を実施することもお勧めです。

オンラインで実施する場合は、2章の「『参加者』が『主体者』になる場を開く」（88ページ）でもお伝えしたように、実践コミュニティをウェブ上で立ち上げ、アクション・ラーニング（職場で実際に起きている課題をもとに、対話を通じて解決策を考え、実践と内省を繰り返すことで、組織が学習するプロセスのこと）の前線基地として機能させることも効果的です。

安心・安全を妨げる4つの壁を突破せよ

どんな参加者でも、「場」に対して何らかの不安を抱えています。いつもと違う場所・異なるスタイルでイベントやワークショップという場に参加することに、何らかの抵抗感を持っているものです。参加者がどんな不安を持っているかを以下の「4つの壁」で示すと共に、その壁の突破方法について考えていきます。

■①「目的」の壁――何のためにこの場が存在しているか、不安を感じている

個人が自分でお金を払って参加するイベントなら、参加者各人が動機や目的を持ってその場に参加していることが前提ですが、法人主催の場は、事前に詳しい意図や目的が知らされずに（行き届かずに）、参加者がとりあえずその場に集められているというケースがよくあります。イベントの目的は？　ゴールは？　といったことを冒頭できちんと示して

参加者が持つ４つの不安の壁

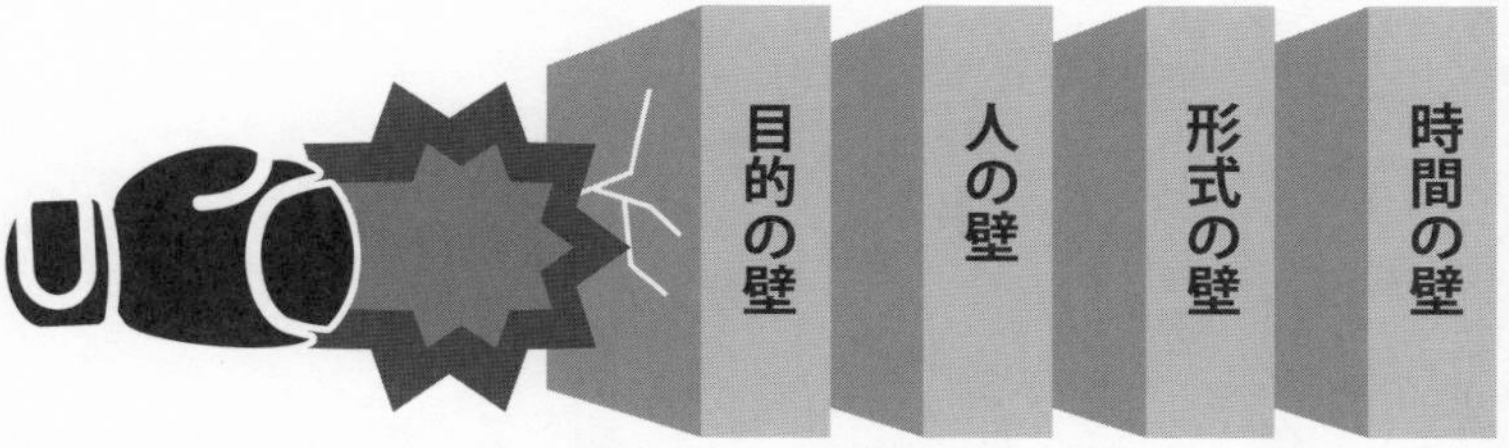

参加者が場に対して感じている４つの不安の壁をあらかじめ認識し、その壁を取り除くことで、参加者がその場に自分という碇《いかり》をしっかりとおろし、腰を据えて、その場やグループに落ち着くことができるようになる。

から、中身に入っていくことが不可欠です。ただし、詳細を語る必要はありません。あくまで、全体を貫く目的と意図を伝えるということを意識してください。冒頭であまりに詳細を語りすぎると、予定調和感が出てしまいます。推理小説もオチがわかっていたら、誰でもその先を読み進める気を失ってしまうものですよね。

■②「人」の壁——近くにいる参加者が何者か、不安を感じている

参加者からすれば、近くに見知らぬ人が多い場では不安な心境になります。グループでの協働を伴うワークをする際に打ち解けないまま進めると、互いに距離感が開いたまま、空気を読み合ってしまうことがあります。ゆ

えに、参加者間の自己紹介を兼ねたチェックイン（自己開示）を早いタイミングで促すことも重要です。

人は、誰かに自分の思っていることや感じていることを吐き出すことでスッキリします。これをカタルシス効果と言い、自己開示の深さが心理的な距離を表わします。自己紹介の際に、所属や仕事内容といったプロフィール的な情報だけではなく、参加動機や今の気持ち、価値観といったところまで共有できると、相手との距離が近くなります。具体的に、イベントなどで参加者にチェックインをしてもらうときには、おところ（所属や仕事内容）や期待（この場への期待や持ち帰りたいこと）、今の感じ（感じていることなんでも）を話してもらうことからはじめます。

また、全体の場で質問や発表を促したいときには、いきなり個人を指名したり全体に働きかけても反応が返ってこないことがあります。そんなときは、最初は少人数のグループで自己紹介し合う場をつくり、徐々にグループサイズを広げていくことも有効なやり方です。最初は、2人組、次に、4～6人、最後は全体の前でといったように、ステップを踏むことで、大人数の前でも安心して語れるようになります。

オンラインの場では、小グループに分かれて話をするZｏｏｍのブレイクアウトルーム機能を使って、グループサイズを変更しながら進めていくといいでしょう。

■③「時間」の壁――いつまで拘束されるのか、時間に不安を抱えている

イベントやワークショップの終了時刻や、区切りとなる昼食の時間、休憩時間の目安など、時間に関するストレスを早いタイミングで取り除くことも重要です。ただし、分単位のタイムテーブルを伝える必要はありません。詳細を伝え過ぎると予定調和になるのと、状況を見てプログラムを臨機応変に変えたいときに、それが障害となって変更しにくくなるからです。

■④「形式」の壁――どんな形式で進行していくのか、そのやり方に不安を抱えている

どんな形式やスタイルで進めていくかを明確に示しましょう。特に双方向の場では、参加者にいつものスタイルとは明確に異なるということを伝えます。

たとえば、「今日は、講演会、独演会ではありません。参加者の皆さん同士で対話を行なう、皆さんが主役の場です」「ファシリテーターが全体の場で話をするのは2、3割、皆さんで話をするのが7割の場です」と伝えるなど、参加者主体の場であることをはじめに示しておくと、場の中で参加者がとまどうことがないでしょう。

安心・安全な空間をつくり出す環境デザイン

安心・安全な場をつくる上で、環境をデザインすることは必須です。たとえば、窓がなく狭い部屋では、どんなに有能なファシリテーターが最適なプログラムを提供しても、息苦しさや圧迫感を感じ、場の安心感が欠如してしまいます。

場の意図はレイアウトによっても示すことができます。たとえば、スクール形式のレイアウトでは、上下関係や、知識のある人からない人への一方的な情報伝達の場という印象が無意識のうちに参加者に刷り込まれ、安心できる場になりにくいことがあります。

生態心理学者のJJギブソンの提唱する「アフォーダンス」という概念をご存じでしょうか。「アフォーダンス」とは、環境に存在する行為や認知を誘発する資源を表わします。

たとえば、目の前に椅子が置いてあるとします。椅子には「座れ」とは書いていないにもかかわらず、多くの人は、この椅子は座れるものだと認知します。それは椅子自身が「座る」という行為をアフォードしているからです。また、興味深いことに腰掛ける椅子の種類によって、参加者の態度は変わります。極端な例ですが、玉座のような椅子には深く腰掛け、足を組んでくつろいだりしますが、無機質なパイプ椅子では、長居はご無用とばかりに浅く腰掛け、早く終わらないかとそわそわしはじめたりします。

この「アフォーダンス」の観点で言えば、前述のスクール形式のレイアウトでは、参加者は、これからはじまる場は「一方的に聞くもの」だという行為をアフォードしてしまうのです。日々、多くの会場に行きますが、準備されているレイアウトは、スクール（教室）形式か、アイランド（島型）形式程度しか選択がないことが多いです。しかし、参加者間にある心の壁を取り払いたい、より深く内省や自己開示を促したい場合は、互いを遮る障害物となる机は取り払うといったように、場の目的に応じてレイアウトを変えることが有効です。

参加者にどんな行為を「アフォード」したいのか、意図を持って環境をしつらえることが必要なのです。次ページに、目的に応じたレイアウト例を紹介します。

（巻き込み型）

机が確保され、またアイランド（島）として４～６人毎のグループで対話や共同作業をして欲しいときに有効。ワークショップでよく用いられる形式。

人数が少ないときや、全体でコンセンサスを図りたいときに用いる形式。中華料理の円卓同様、上座、下座の概念がないため、忖度抜きで自由に議論して欲しいときに用いる。

リフレクション（振り返り支援型）

基本的に机を使わないのが特徴。参加者間で内省やアドバイスを促したいときに有効な形式。

⑤ バズ型

２～３人程度で小グループをつくり、感想を共有し合ったり対話をしたりと、小回りの利く形式。

⑥ サークル型

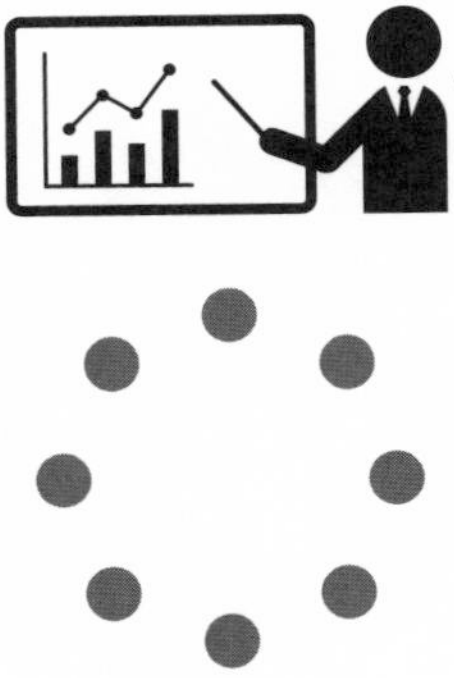

④のラウンドテーブルの机を外して円の外周を縮めることで親密性を高め、意見の活性化を狙う。その他、景色が見えて気が散る大きな窓や出入り口のある面、視覚的に遮断される大きな柱があるところは避ける。

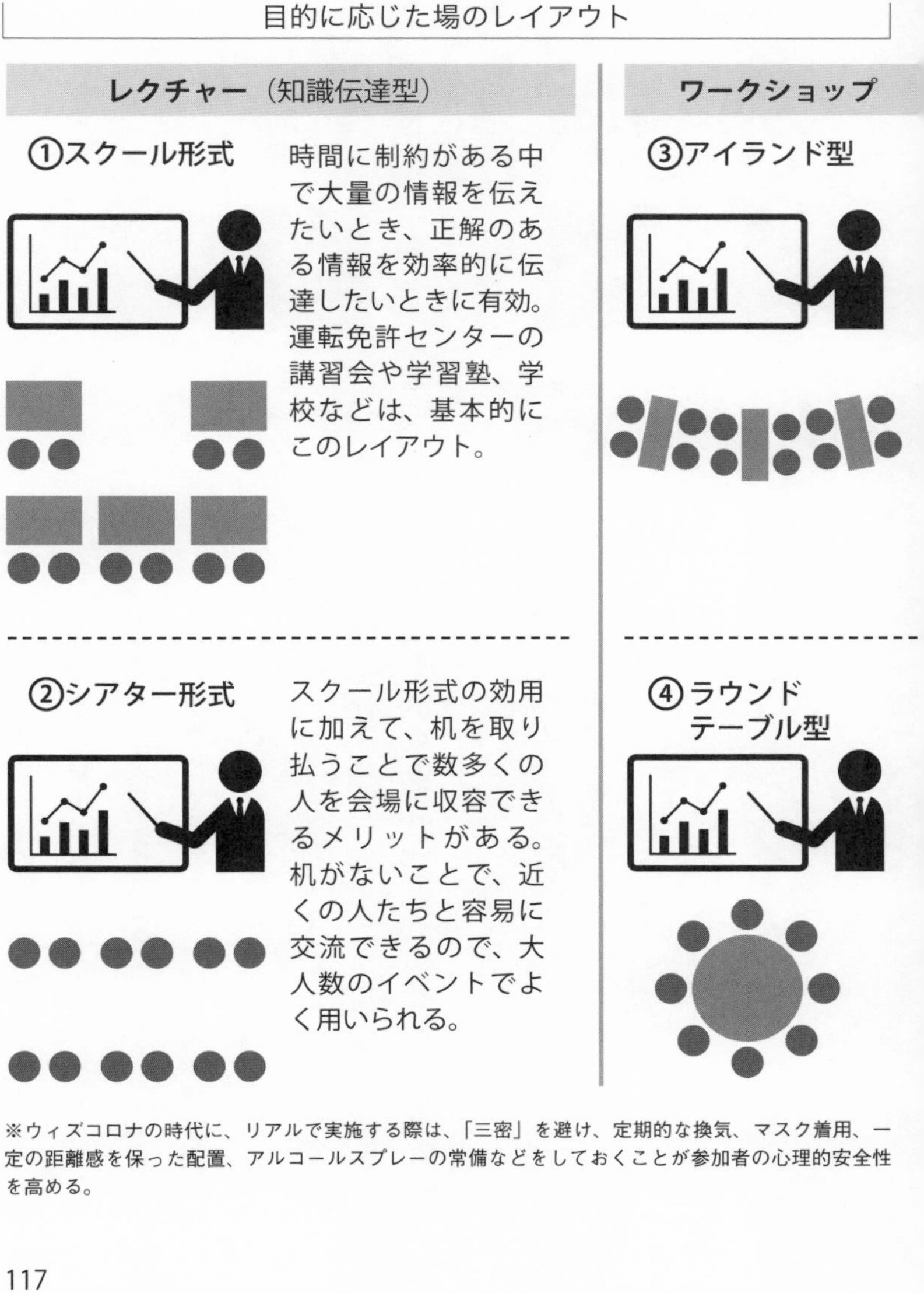
目的に応じた場のレイアウト
レクチャー（知識伝達型）
ワークショップ
①スクール形式
時間に制約がある中で大量の情報を伝えたいとき、正解のある情報を効率的に伝達したいときに有効。運転免許センターの講習会や学習塾、学校などは、基本的にこのレイアウト。
②シアター形式
スクール形式の効用に加えて、机を取り払うことで数多くの人を会場に収容できるメリットがある。机がないことで、近くの人たちと容易に交流できるので、大人数のイベントでよく用いられる。
③アイランド型
④ラウンド
テーブル型

※ウィズコロナの時代に、リアルで実施する際は、「三密」を避け、定期的な換気、マスク着用、一定の距離感を保った配置、アルコールスプレーの常備などをしておくことが参加者の心理的安全性を高める。

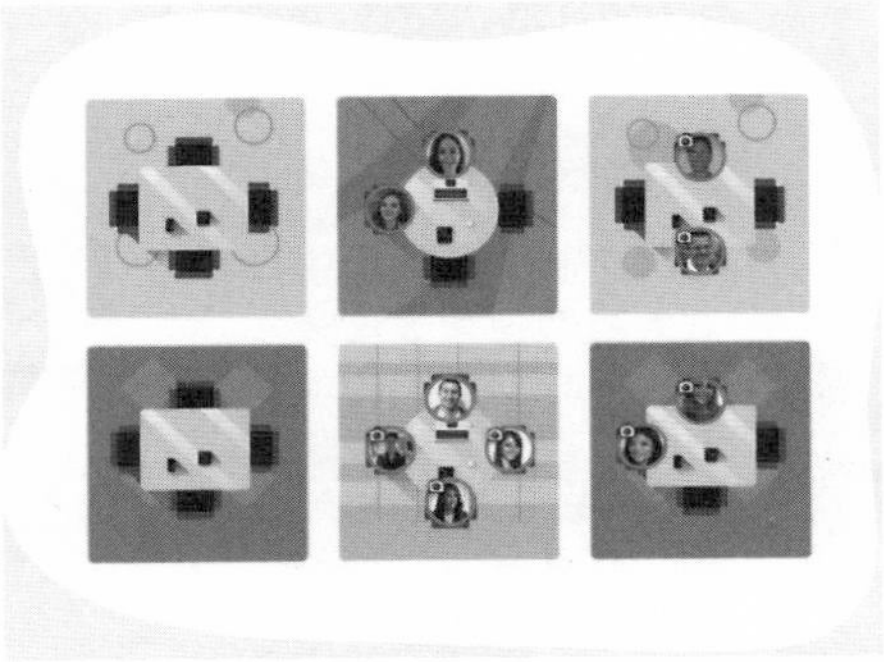

出典：Remo ホームページ

オンライン会議の場合、「Ｒｅｍｏ」という、テーブルを自由に行き来できるシステムがあります（https://remo.co/）。Ｚｏｏｍだと、ブレイクアウトセッションはホスト側が割り当てるもので、参加者はどの部屋に飛ばされるかわかりません。Ｒｅｍｏの場合、自由に自分が行きたいテーブルに移動して対話をすることができるのです。さしずめ仮想空間のアイランド形式の座席配置といったところです。用途に応じてこうしたツールを活用することも有効です。

安心・安全な場のつくり方

参加者の五感に訴え、心理的「快」の状態をつくり出そう

心理的に快適な状態をつくるには、人間の持つ五感（視覚、聴覚、触覚、嗅覚、味覚）に働きかけることが有効です。それぞれどんなアプローチがあるのかを見ていきます。

■視覚

人間は、７割近くの情報を視覚から得ます。参加者の目に入りやすい受付や備品、椅子、机等は常に整理整頓し、清潔感を大切に。オンラインでは背景に留意し、散らかった部屋が気になるのであれば、バーチャル背景を選択しましょう。

■聴覚

サウンドも影響します。事前に部屋の防音性を確認しましょう。隣室の声が漏れてしま

うときは、互いにマイクを使用しないよう取り決めをしたり、ワーク中の扉の開閉音に気を配ったり、音の出る片づけはしないようにしましょう。

その他、心地よい音色で、対話の終了を告げるサウンドを紹介します。富山の伝統工芸品「久乗おりん」は、透き通る音色が打音と共に伸びていくのが特徴です。

久乗おりん

オンラインの場合、雑音が入らないようイヤホンやヘッドセットを使用し、クリアな音声が届くよう配慮しましょう。

■ 嗅覚

先進的な例では、エアコンを通してアロマの香りを送り、刺激を与えることもあります。あるイベントでは、リフレッシュのための柑橘系の香りからはじめ、対話の際は集中力を高めるスパイシーな芳香、最後にリラックスする松林の香りで終わるといったサイクルで環境を整え、創造的な活動を促したこともあります。ここまで本格的にしないまでも、休憩中に空気の入れ換えをする、強い匂いを発する飲食物は控える、エアコンの清掃を欠かさないといった最低限できることは準備を尽くしましょう。

■触覚

ワークショップでよく使用するのが「クーシュボール」です。先端が、細いゴムの糸で、触ると未知の触感を感じます。手のひらには、足の裏と同様、多くの繊細なセンサーが通っていて、人が何かを判断するときには手で触って知覚することが多いと言います。このボールの独自の触感を楽しみながら、脳にいつもと異なる信号を送ることで知的な活動を促進します。意見が滞ったときには、パスし合い、持った人が話をするなどプレイフルに場を進めるツールにもなるので重宝します。

クーシュボール

■味覚

おやつのセルフコーナー

最後に味覚ですが、ちょっとしたブレイクで出すおやつも句読点になります。特定の場所に、チョコやコーヒーなどのセルフコーナーを設けるのも有効です。口に固形物が残る飴は極力避けて、さっと溶けるチョコなどが理想です。おやつを通じてリラックスできる空間やコミュニケーションが生まれるスペースを用意し、新たな会話や関係の生まれる状態をつくれると、場がさらに活性化します。

安心・安全な場のつくり方

オンラインのファシリテーションを成功させる「ABCDEの観点」

オンラインの場だからこそ、豊かな場をつくるためにファシリテーターが考慮しておくべきポイントがあります。

数多あるコミュニケーションツールで何を活用すればいいのか？　オンラインの場で創発を起こすにはどうすればいいか？　役割分担はどうすればいいのか？　参加者の心をつかむにはどう伝えればいいか？　機材は何に注力して準備すべきか？　です。これらの問いに応えるのが、「ABCDEの観点」です。

■A：アプリケーション　まずはZoomをマスターせよ！

オンラインでイベントを開催するためのコミュニケーションツールはさまざまありますが、何を選べばいいのでしょうか？

オンラインの場で考慮しておくべきポイント

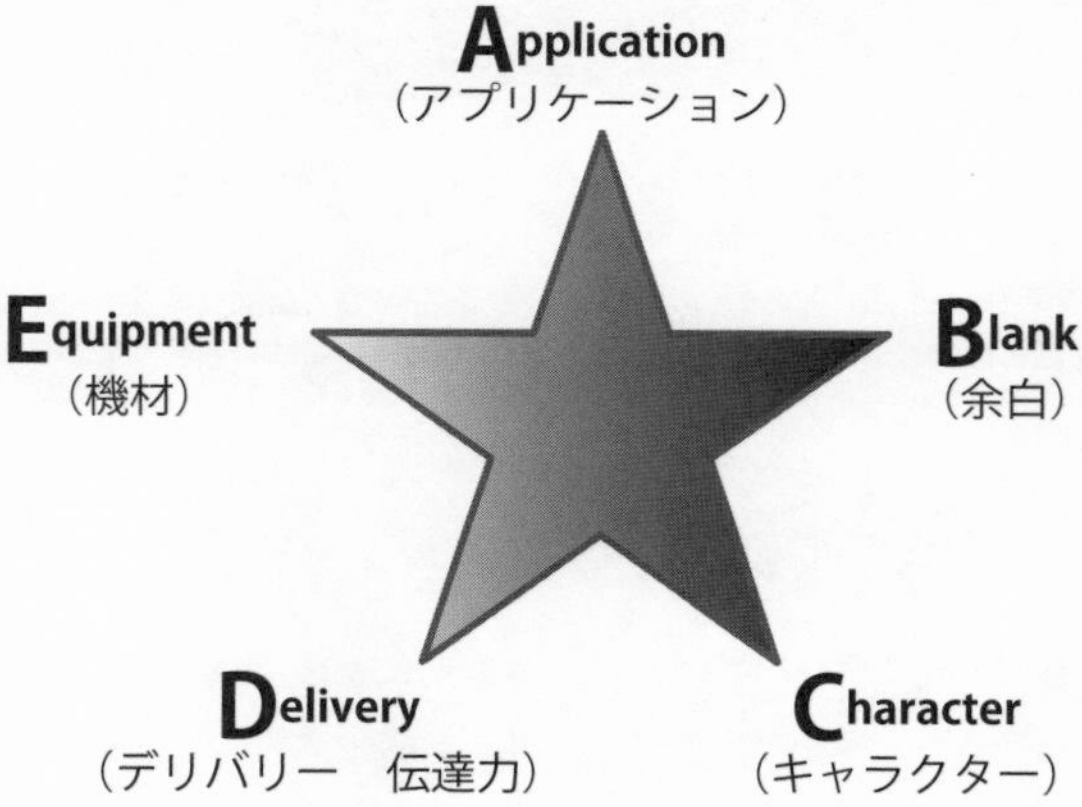

ビデオ会議システムやオンラインホワイトボードといったアプリケーションは枚挙にいとまがないほどたくさんあり、今後も続々と新しいツールが出てくるでしょう。

それぞれ機能も違えば、操作方法も異なる、そう聞いただけで、オンラインでファシリテーションをすることに敷居の高さを感じるのではないでしょうか？

どうぞご安心を。結論から言えば、ビデオ会議システムのＺｏｏｍだけ、徹底的にマスターしてください。私はあらゆるツールを実践しましたが、ＺｏｏｍとＴｅａｍｓ以外は、参加者の活用経験が浅く、導入すること自体にハードルがあります。さらに、導入できたとしても未経験の操作説明に時間がかかり、本題に割く時間が少なくなる恐れがあります。

オンラインワークショップでのお願いごと

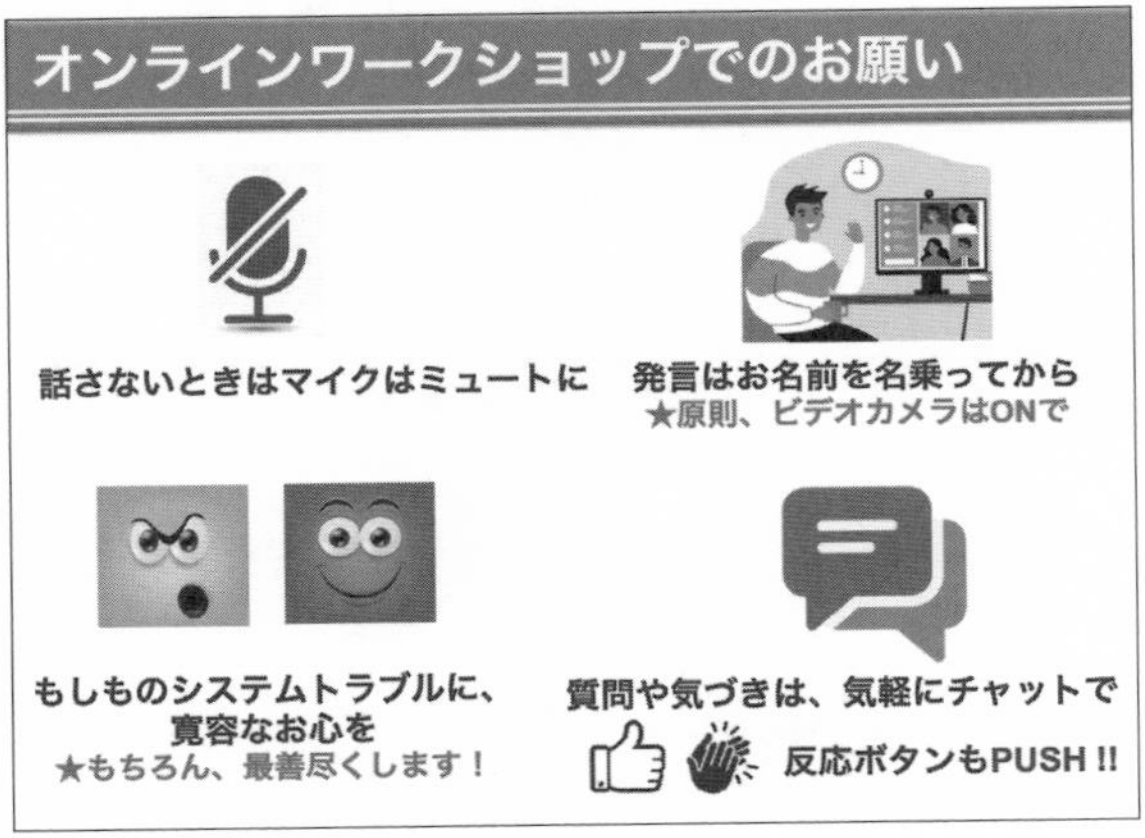
オンラインワークショップでのお願い
話さないときはマイクはミュートに
発言はお名前を名乗ってから
★原則、ビデオカメラはONで
もしものシステムトラブルに、
寛容なお心を
★もちろん、最善尽くします！
質問や気づきは、気軽にチャットで
反応ボタンもPUSH !!

ゆえに、少しでも参加者になじみのあるアプリケーションを活用することをお勧めします。

上のようなスライドを用意しておき、冒頭でボタンを押したり、チャットに記入してもらうと、その後の進行がスムーズになるほか、アイスブレイクにもなります。

また、参画感を高める上で、ビデオは基本的に顔表示を推奨します。途中で「チャットを使ってください」と言ってもハードルがあって書いてもらえないことが多いので、「練習しましょう。もし今、どこでもドアがあったら行きたい場所をチャットに記入してください」といったように実際にツールを使ってもらうことで、インタラクションが起こる場を自然につくっていきます。

■B：発見、創発の生まれる余白（ブランク）を用意せよ！

オンラインでは時間的制約があり、短時間で多くの情報を扱おうとします。すると、余白なく情報が次々に展開され、参加者の処理能力を超えてしまうこともあります。そのため、適宜、内省の時間を取ることが重要です。たとえば、ブレイクアウトセッションで対話をはじめる前に1分でも個人で考えてから開始すると、深い場になります。

個人で考える際は、体感覚を伴うよう、手書きでノートにメモをしたり、ポストイットに記入するなど「手を動かすステップ」を設けると、発見や気づきが深まります。

他にも、リアルのグループワークは４〜６人を適正人数としていますが、オンラインでは大人数で同時に話すことができないため、２〜４人くらいが最適です。お勧めは、２人のペアワークを短時間でシャッフルして複数人と繰り返す「ペアワーク・シャッフルダイアログ」です。

２人という最小単位にすることで、時間にも空間にも余白が生まれることと、複数人と話すことでアイデアがミックスされ、化学反応が起きやすくなるからです。

また、リアルでは休憩中の雑談が余白となって疑問が解消されたり、偶発的な発見が生まれることがありますが、オンラインも長めの休憩の場合は雑談ＯＫにしたり、終了後の

オンラインイベントで参加者と取り組みたい体操

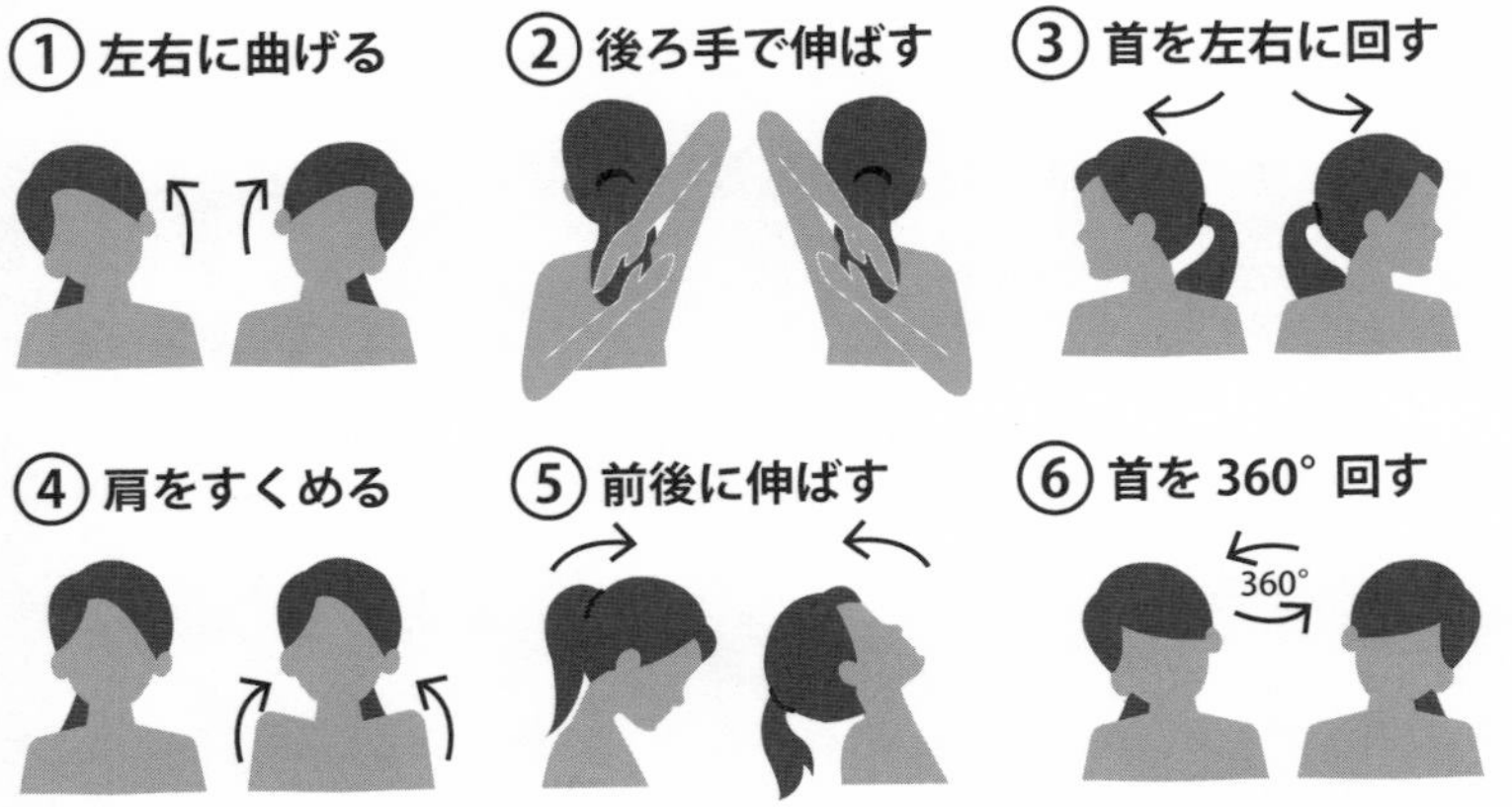

「アフタートークタイム」を設けるなど、参加者間のインタラクションが自然に起こるような余白を意図的に用意するのがお勧めです。

そして、オンラインの場合、休憩は1時間に1回は取るようにしましょう。ただし、ひとつ注意点があります。それは、本当に身体を休めてもらったり、リラックスできる時間にすることです。

オンラインの場合、常にインターネットに接続しているため、休憩中にメールの確認や処理をしたり、ネットサーフィンをしてしまうと、休めなくなるのがデメリットです。

ゆえに、休憩時間は、窓を開けて部屋の換気を促したり、新鮮な水を飲んだり、身体を動かす時間を「ネイチャータイム」と称して過ごしてもらうことを推奨します。

また、右の図のように、椅子に座ったままでできる、首や肩を回すストレッチを参加者と一緒に行なうと、ファシリテーターと参加者の距離が近づいたり、参加者全員が画面越しに共通体験をして一体感が生まれるというメリットもあります。

■Ｃ：役割に特化したキャラクターを配置せよ！

ファシリテーターは、与えられたキャラクター、ファシリテーションの役割を全うすることが必要で、自分ひとりで多くの役割を抱え込もうとしないことが重要です。Ｚｏｏｍをはじめとしたテクノロジーを運用するには、テックディレクター（ＴＤ）を配置し、主に参加者の入退室管理、ブレイクアウトセッションのグルーピングを担ってもらいます。イベントによっては、映像を流したり、画面切り替え、音声調整など機器周りの調整もＴＤにお願いすることがあります。

そして、参加者数が多い際は、オペレーションディレクター（ＯＤ）も配置します。ＯＤは、参加間のセッションを滞りなく進行させるために、質問やヘルプが出た際に個別にサポートに入ったり、対話中のグループに音声ミュート・画面オフで参加し、対話がスムーズに進行しているかを確認し、その様子をファシリテーターに伝えるなど、現場との結節点役を果たします。

また、流れや成果を可視化するグラフィックレコーダー（GR）に対話の成果を絵で描いてもらうと、豊かな場づくりに寄与します。特に、オンライン対話の場に色彩や表情のある絵が持ち込まれると、場にスパイスが生まれると同時に、振り返りにも役立ちます。

■D：参加者のハートをつかむデリバリースキルを磨け！

オンラインでは視覚情報が有利に働くため、伝え方のコミュニケーション技術、デリバリースキルがよりいっそう、求められます。私は企業のエクゼクティブ向けにスピーチスキルのコーチもしているので、人の心を動かすエッセンスを紹介します。

まず、大前提です。ファシリテーターは、清潔感ある服装をし、身だしなみを整えましょう。

そして、目線は「常にカメラ目線」が鉄則です。ビデオ会議システムを使ったイベントをすると、本能的にギャラリービューに写った参加者の顔を見てしまいますが、相手の顔を見ようとするほど、視線が外れてしまいます。

オンラインでは、目の前に話者がリアルにいるわけではないので、視線が外されると集中力が欠如しがちです。あたかも目の前にいる人に話しかけているといった真摯な姿勢とエネルギーを伝えるには、カメラ目線で話すことが重要です。慣れないうちは、パソコン

今、百年に一度の
変化の波が来ている
ファシリテーター　広江 朋紀
2:29 / 1:49:35

のカメラ位置に目印となるシールを貼って練習するとよいでしょう。

スライドは、文字の級数を38以上に上げて、3行以上の文字数は控えましょう。チャートもシンプルに、スマートフォンの参加者でも視認できるくらいに研ぎすませてください。

そして、視線、表情、口角、手の動きなど、上半身を中心としたノンバーバル（非言語）コミュニケーションを意識しましょう。

まず、表情筋、口角を上げる。しかめっ面では、負のメッセージを伝えてしまいます。

キーワードは「ルック・スマイル・トーク」。画面に登場していきなり話し出さずに、まずカメラで参加者を見る（ルック）。そして微笑む（スマイル）。それから、話をはじめる（トーク）。トークまでの間はわずか2秒ですが、参加者のファシリテーターへの印象度を変える魔法の2秒です。

そして、へそに意識を向けて体の中心軸をブラさないようにした上で、手の動きをいつも以上にオーバーに繰り出してください。手の動きは、のっぺりとした2次元の画面特性を打破するために、左右より奥行きを意識し、画面に向かって、手を近づけたり遠ざけたりする動きを意識すると、あなたに3次元の立体感が出ます。

■E：プラスアルファを演出する「3種の神器」を装備せよ！

オンラインでイベントを実施しようとすると、PCと通信環境以外にどんな準備をすればよいかわからず、不安になると思います。100人を超えるような大規模イベントであれば、プロ仕様のビデオカメラやスタジオ用の配信回線を敷設する必要がありますが、少人数の職場単位のキックオフやワークショップであれば、最小限の装備で一定のクオリティを満たす場をつくることができます。私が「3種の神器」と呼ぶ機器は、どれも1万円前後で手軽に入手できるものばかりです。

まずウェブカメラは、高品質で安定した画像を送受信することができます。パソコン内蔵のカメラよりも画角が広く広範囲を捉えることができ、解像度が高くピント調整もでき

ウェブカメラ

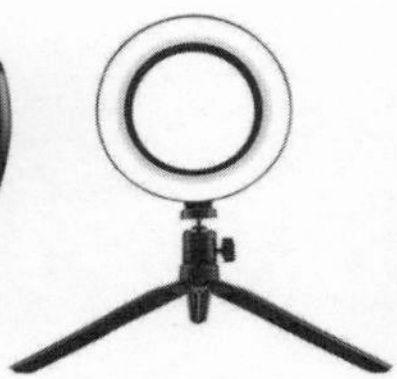
LED リングライト

コンデンサーマイク

るので、クリアで奥行きのある画質が保証されます。

次に、ＬＥＤリングライトは、広範囲に光を照射し、影を出にくくするのが特徴です。ファシリテーターの顔が明るく照らされるだけで、印象がガラリと変わります。顔だけでなく、手に持った身近な被写体も照らされるので、何かを指し示すときにも効果的です。

最後に、コンデンサーマイクは、人の声を重点的に拾うようチューニングされており、ノイズをカットしてクリアな音声を届けてくれます。また、マイクによって地声を張らなくて済むので、疲労度が軽減されるメリットもあります。

すぐに入手できる「3種の神器」を活用し、ぜひプラスアルファなイベントの場をつくり出してください。

【聴く Listen】
聴く力を高める6つの秘訣

ファシリテーターの役割の中で、「対話を促す」ことの重要性は最も高いと言えます。
ファシリテーション（Facilitation）の接頭語「Facil」は、ラテン語で「easy」を指し、「促進すること」を意味します。つまりファシリテーションとは、参加者の力を引き出し、ことが容易に運ぶように促すこと、となります。たとえるなら、舞台で華麗に舞う主役を自分が演じるのではなく、役者たちがいきいきと芝居ができる舞台を整える世話人とも言えます。対話を効果的に促すには、人間の部位になぞらえた6つの機能が求められます。以下、順に紹介します。

人には、根源的に自分の考えや価値観、存在を認めて欲しいという欲求があります。ファシリテーターが心を開いて丁寧に聴くことができれば、参加者は心を開きます。心が開

ファシリテーターの6つの機能

かれた場には活発なコミュニケーションが生まれ、アイデアを生成するようになります。

よい聴き手になる秘訣は、相手のマイクを奪わない、そして自分が舞台に上がらないこと。ともすると相手の話を最後まで聞かずにマイクを奪ってアドバイスしたり、舞台に上がって自説を開陳したり、途中で遮って説教をはじめてしまうようなことがありますが、ファシリテーターが心の底から耳を傾ける態度が、参加者や場にポジティブな影響を与えることを忘れてはいけません。

それでは、「聴く力」は、具体的にどのように高めればいいのでしょうか？「聴く」ための6つの秘訣をお伝えします。

■①リラックスした姿勢で

聴くには適した姿勢があります。真剣に聴こうとするあまり全身に力を入れると、強ばり、緊張し、心に余裕がなくなります。そして、それは相手にも感染します。

リラックスして聴くには、腕組みをせず、力を抜き、体の重心を下げる、十分に落ち着いて聴く姿勢が必要です。

心を落ち着かせたいときには、「吸う息は、自然に。吐く息は、長く」が基本。長く、深い呼吸で横隔膜が動くと脳幹が刺激され、脳内ホルモンのベータエンドルフィンなどの物質が出て、心身がリラックスしていきます。

■②参加者との適度な距離を調整する

人は、相手との距離が近すぎると居心地の悪さを感じ、遠すぎても違和感を覚えます。人と人との距離には、50センチ以内の親密距離、1メートル前後の日常距離、2メートル前後の社会距離がありますが、ファシリテーターの基本は、親密距離の外側の日常距離が好ましく、真正面より斜め横、参加者が座っている場合はこちらも座って同じ目線で聴くと緊張せずに話を進めることができます。

オンラインの際は、カメラを上から見下ろす形になると参加者が見下されているような感覚になるので、カメラ位置は目線の高さに調整しましょう。

■③相手の目を見すぎない

人の目の見すぎは、かえって緊張を誘います。特にファシリテーターが年配者や上位役職者の場合に目を凝視すると、参加者は萎縮したり、「喜ぶことを言わねば」と真意を伝えづらくなります。意図して目を見るのは、会話がはじまったときやあいづちを打つときのみで構いません。「私は、あなたのことを評価、判断しようとしているのではなく、理解しようとしている」という姿勢が伝わればいいのです。

■④うなずき、あいづちの認知を入れる

うなずきやあいづちは、「私はあなたの話を聴いている」ということを伝えるサイン。余計な言葉を挟まないことで、話し手に自由を与えます。「うん」「ほぅ」「なるほど」といったシンプルな言葉に気持ちをしっかりと乗せましょう。Ｚｏｏｍを使ってオンラインで対話する際は、反応ボタンの中にある、いいねマークや拍手マークを活用することを参加者にも推奨し、全員で聴き合う状態をつくりましょう。

■⑤「相手の言葉」で繰り返す

相手の話を繰り返すことで、「私はあなたの話に興味を示している」ことを伝えられます。必要なのは、相手の使った言葉で繰り返すこと。言い換えはNGです。言い換えには聴き手の解釈が入りがちで、よかれと思って綺麗な言葉に言い換えてしまうと、自分の言葉を他人の持っていきたいところに持っていかれたように感じてしまいます。

■⑥沈黙を恐れない

沈黙は金なりと言われますが、沈黙には、相手に本音を言えるスペースを与えます。話し手が話し終わって区切りがついたように見えても、何かを考えているような様子があれば、黙して待ちましょう。本当に伝えたいことは、全部話した後にフッと出てくることが多いものです。焦らず、穏やかに微笑み、体の力を抜き視線を外して、相手の話をゆっくりと待てばいいのです。

このように、よく聴くためには秘訣があります。ファシリテーターが心の底から耳を傾ける態度が、参加者にポジティブな影響を与えることを忘れてはいけません。

「対話を促す」ためのファシリテーターの６つの機能

【観る Insight】
氷山モデルで根底に潜むプロセスを見抜く

ファシリテーターは、見るのではなく観る。深層に根ざす本質を見抜く眼力を持つことが必要です。次ページの「コンテントとプロセスの氷山図」では、今、ここで起こっていることを氷山にたとえています。海面に現われている部分を「コンテント」と呼び、話のテーマや議題など目に見えるものです。見えない水面下を「プロセス」と呼び、参加者自身の心の中や相手との関わりの中で影響を受け起こっていることを指します。

「氷山モデル」は、目に見える出来事のみを反射的に捉えるのではなく、その根底にあるパターンや構造を総合的に把握しようとするものです。全体を観るには、立ち止まって状況を観察する必要があります。コンテントだけではなく、どのように話しているか、聴いているか、意思決定しているか、そんなところにも注意を向けます。

観察するとさまざまなシグナルが見えます。了解と言いながら口をとがらせている、無

コンテントとプロセスの氷山図

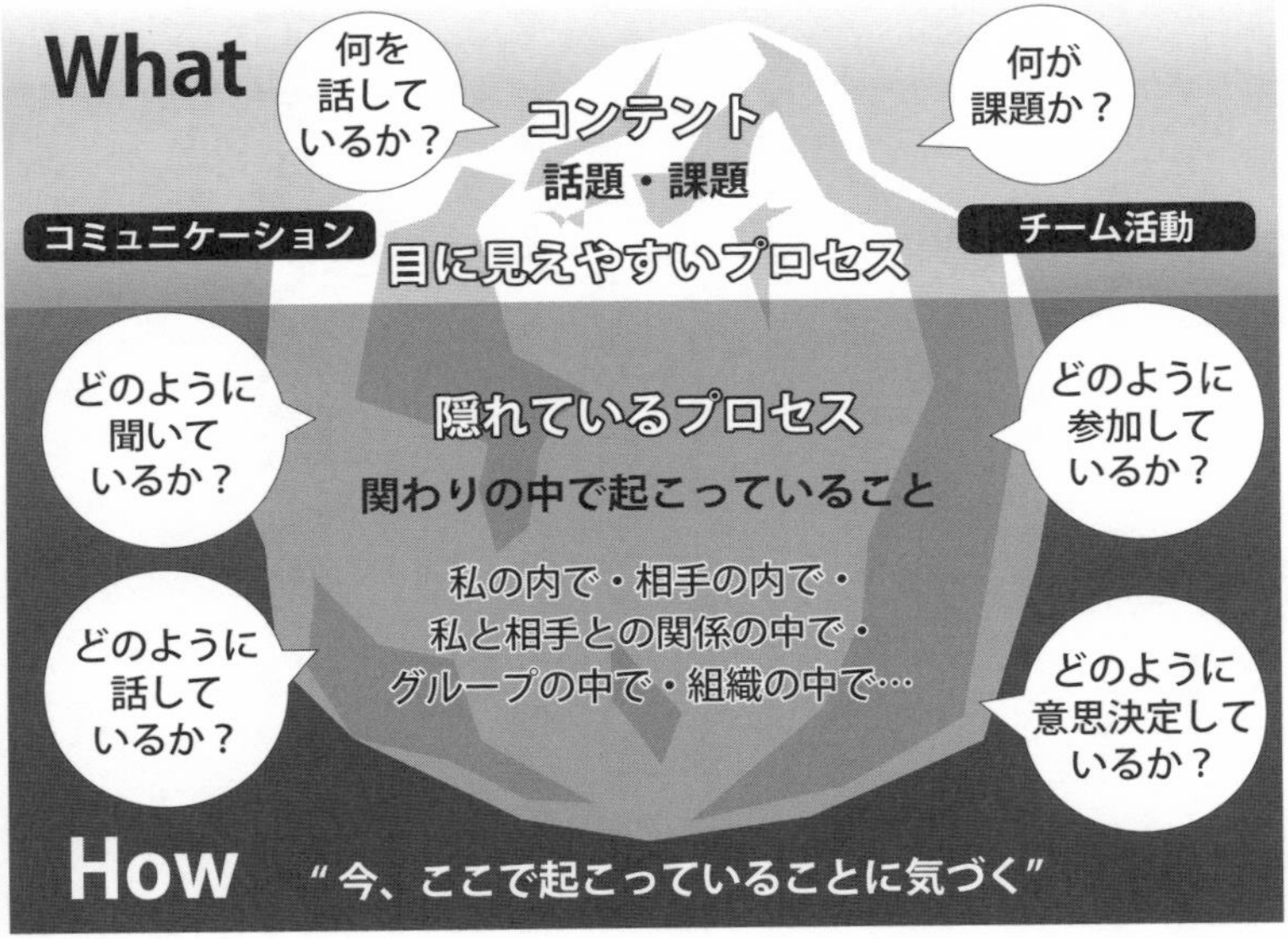

出典：一般社団法人 日本体験学習研究所

言の時間が続いている、など。

こうしたシグナルを無視して場を進めると、対話の崩壊リスクが高まります。シグナルを見つけたら、「違ったら聞き流してもらって構いませんが、私にはこんな反応が気になりました。今、何が起こっていますか？」と場に聞いてみたりします。そしてファシリテーターは、自身も観ることが必要です。今、何で心がざわついたんだろう？　参加者のあの発言に、なぜ反応したんだろう？　と自分も観察する視点を大切にしましょう。

「対話を促す」ためのファシリテーターの6つの機能

【問う・語る Inquire/Tell】
「4つの問いかけ法」と「ストーリーテリング」

ファシリテーターには、共創解を生み出すための対話の切り口となる「問いかける力」と、未来に向けメンバーの心を束ね、集団としての力に変えてゆく「ストーリーを語る力」が必要です。よい問いかけには、思考を深め、自分では気づかない発見を促し、集団としての最適解を導く効用があり、よいストーリーには、理屈を超えて人の感情を揺さぶる力があります。まずは、「4つの問いかけ法」とそれぞれが陥りがちな罠から紹介します。問題の複雑性の程度や解決に向けた問いの焦点の当て方によって、切り出す問いかけが変わることを141ページで図示しています。

■①調査的問いかけ

When（いつ）、Where（どこで）、What（何が）の疑問詞を使いながら、情報収集や調査を行なう問いかけです。憶測や解釈ではなく、事実を踏まえて課題を扱う際に使用すると有効な問いかけです。

陥りがちな罠は、一方的な質問を相手にし続けて、「取り調べ」と化すこと。特に、WhyやWhoを使った「なぜ」や「誰」を頻繁に繰り返すと、相手を問い詰める「詰問」「尋問」になりがちです。あくまで、現状把握のために活用しましょう。

■②提案的問いかけ

「問題を解決するために、この方向で検討してみるのはどうですか？」と実行に向けた提案をする際の問いかけです。特に問題分野における習熟度が低い参加者に対して、スピーディーな解決のためにこの問いを使うことがあります。

陥りがちな罠は、相手に同意以外の反応を認めない一方的な押しつけや、質問の形を借りた命令になりやすいこと。強制にならないよう、相手の意思を尊重し、その提案を実行することの目的、意義、価値を伝え、相手の納得感を醸成する工夫も必要です。

■③探求的問いかけ

既成概念に縛られず、柔軟な発想で探求する問いかけです。複雑性が高く、問題の因果

状況別問いかけ法

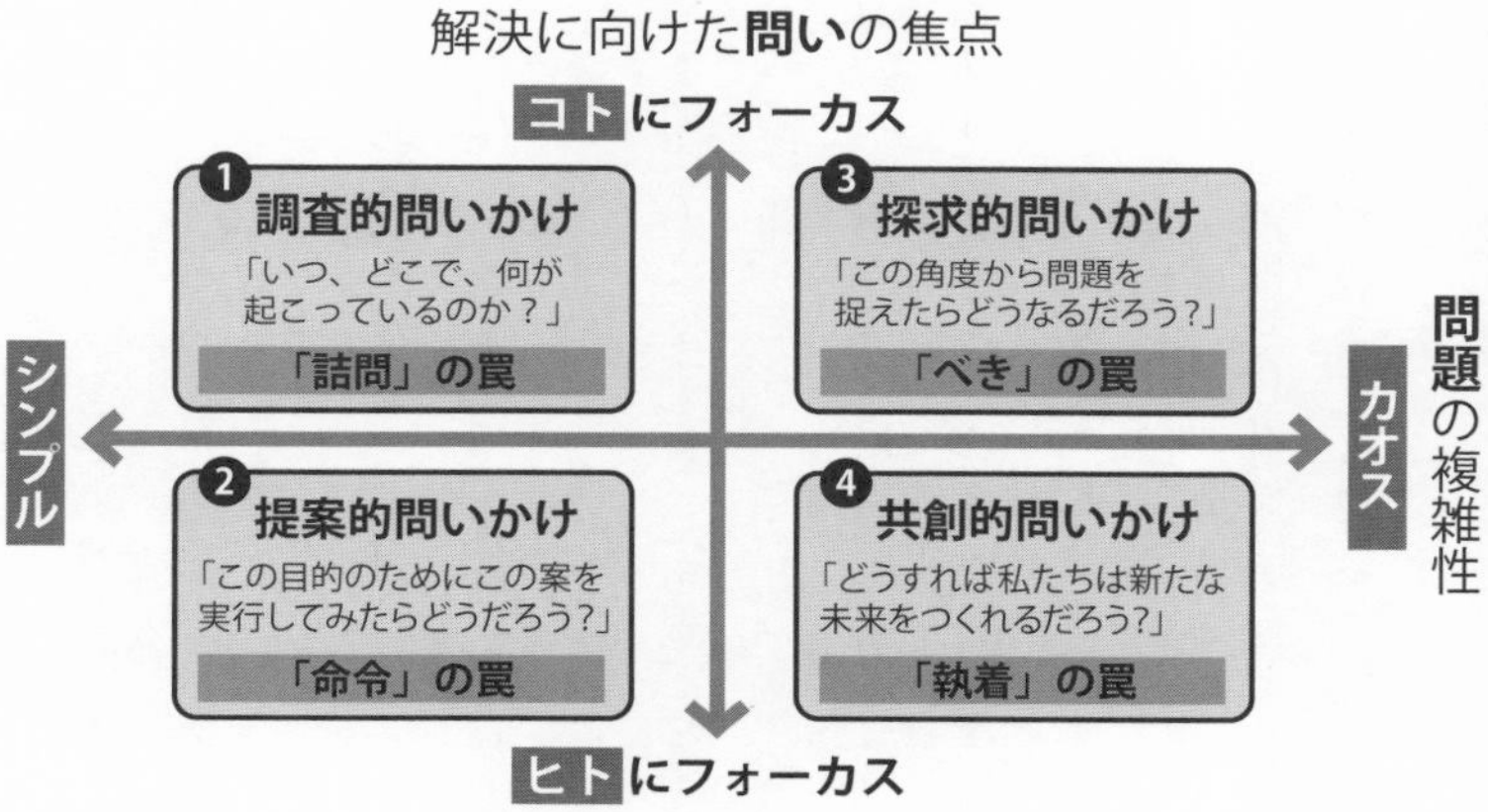
解決に向けた問いの焦点
コトにフォーカス
❶ 調査的問いかけ
「いつ、どこで、何が起こっているのか？」

「詰問」の罠
❸ 探求的問いかけ
「この角度から問題を捉えたらどうなるだろう?」
「べき」の罠
シンプル
カオス
問題の複雑性
❷ 提案的問いかけ
「この目的のためにこの案を実行してみたらどうだろう?」

「命令」の罠
❹ 共創的問いかけ
「どうすれば私たちは新たな未来をつくれるだろう?」
「執着」の罠
ヒトにフォーカス

関係も不明瞭な際は、目に見える事柄だけを扱うのではなく、全体を俯瞰したり、要素間のつながりに注目するなど、事柄を真正面から捉えるだけではなく、距離感や角度を多面的に変えて問いかけることが有効です。

具体的には、「この状態が続くと将来はどうなる?」（時間軸）、「引いて全体から見ると?」（空間軸）、「顧客、競合だったらどう考える?」（立場軸）、「そもそもなぜ、これが必要?」（目的軸）、「明智光秀ならどう考える?」（他人軸）、「もしも予算はいくらでも使ってよかったら?」（仮定軸）、「他のものにたとえてみると?」（メタファー軸）、「どうなると最高にハッピーになれる?」（感情軸）といったように問題をリフレームして捉え直すことで、思考の行き詰まりを突破します。

陥りがちな罠は、「○○すべき」と考える常識や通説、過去慣例の踏襲といった既存の枠組みに囚われることです。何でもありの発想で自由に問いかけてみましょう。

■④共創的問いかけ

「私たちは、どのようにすれば、それが可能となるのだろう?」と、主語を相手（You）ではなく、私たち（We）に置き、「どのようにすれば」（How）で視点を広げるオープンな問いかけです。答えを限定せずに相手が自由に回答できるオープン・クエスチョンは、一緒に問題を考えようという共創的なメッセージが伝わります。

共創的問いかけには、相手に偏見を持たないこと、自分の判断を保留して謙虚に問いかける姿勢も必要です。関係者全員で本音の対話がなされ、自らの意見や価値観を変容させながら生み出された解には、一方的に提示された解よりもはるかに多くの責任感が生まれ、実行に向けたエネルギーが湧いてきます。

陥りがちな罠は、自分だけで何とかしようとする執着心です。執着を手放し、共につくり出す可能性の大きさに気づきましょう。

続いて、参加者が奮い立つ、パワフルなストーリー語りの「5つのメソッド」を紹介します。ニュートラルな存在のファシリテーターがストーリーを語ることに、違和感を覚えるかもしれませんが、対話を勇気づけ、行動を促す上で、知っておくと効果的です。「ストーリー」には、聞き手にロジックによる理解を超えた、感情に訴えかける「共感」や「想像」をかきたて、「共鳴」「感染」させる不思議な力があります。以下、ストーリーを語る「5つのメソッド」です。

■①自分のわくわく（情熱）からはじめる

他人を感動させるには、自分が一番、感動していなければなりません。言っていることと、信じていることが一致していない状態では、人に影響を与えることはできません。自分がどんな情熱に動かされているのか、自分の信念に基づいた軸を持ちましょう。

■②自分をさらけ出して目標にコミットする

ストーリーは、着飾って話す必要はありません。人は、ファシリテーターの個人的な体験や失敗談、弱さに親しみを覚えます。ファシリテーターが自らをさらけ出すことで、ストーリーに自分を重ね、つながりを感じてくれます。

■③障害・葛藤を扱う

人々が物語を愛するのは、障害や葛藤のハードルを乗り越える「変容」というキーラインがあるからです。私たちも身近な人が変容を成し遂げたのを見たときに自分もそれが可能かもしれないという希望が湧くことがあります。

■④聞き手の存在を理解して組み立てる

ストーリーは、参加者との相互作用によって命が吹き込まれ発展します。そのためには、参加者の現状や状況を理解した上で組み立てることが必要です。いきなり変化を強要するのではなく、現在への感謝や承認を行なった上で、変化の必然性を訴える配慮も求められます。

■⑤その場からつくる

ストーリーを新鮮で、心地よい緊張感を持って話すためには、いつも同じ話を繰り返すのではなく、当日の参加者の興味・関心からはじめてみたり、彼らの反応によって伝え方を変えてみるなど、そのとき、その場で起こっていることをリソース（資源）として活用し「その場からつくって語る」ことも重要です。

「対話を促す」ためのファシリテーターの6つの機能

【つなぐ Connect】

抵抗勢力を味方につける

対話を進めていくうちに、必ずと言っていいほど現われるのが、場に対して否定的な抵抗勢力です。彼らを軽視して進行すると、その瞬間は勢いで押し切ったとしても、後から横槍が入ったり、勢力が増してリベンジ（ファシリテーターアタック）にあったりします。私も何度もそうした経験をしてきました。

そうならないためにも、最初から抵抗勢力を巻き込み、つながって進めることが必要です。抵抗する側には、それだけの「正義」があります。それを無視することなく、尊重して進めることで、理解や協力を得やすくなります。

次ページの図は、組織変革を行なう際、メンバーを巻き込む上で必要な観点を示したものです。

「変革への取り組み姿勢」と「組織への影響力」

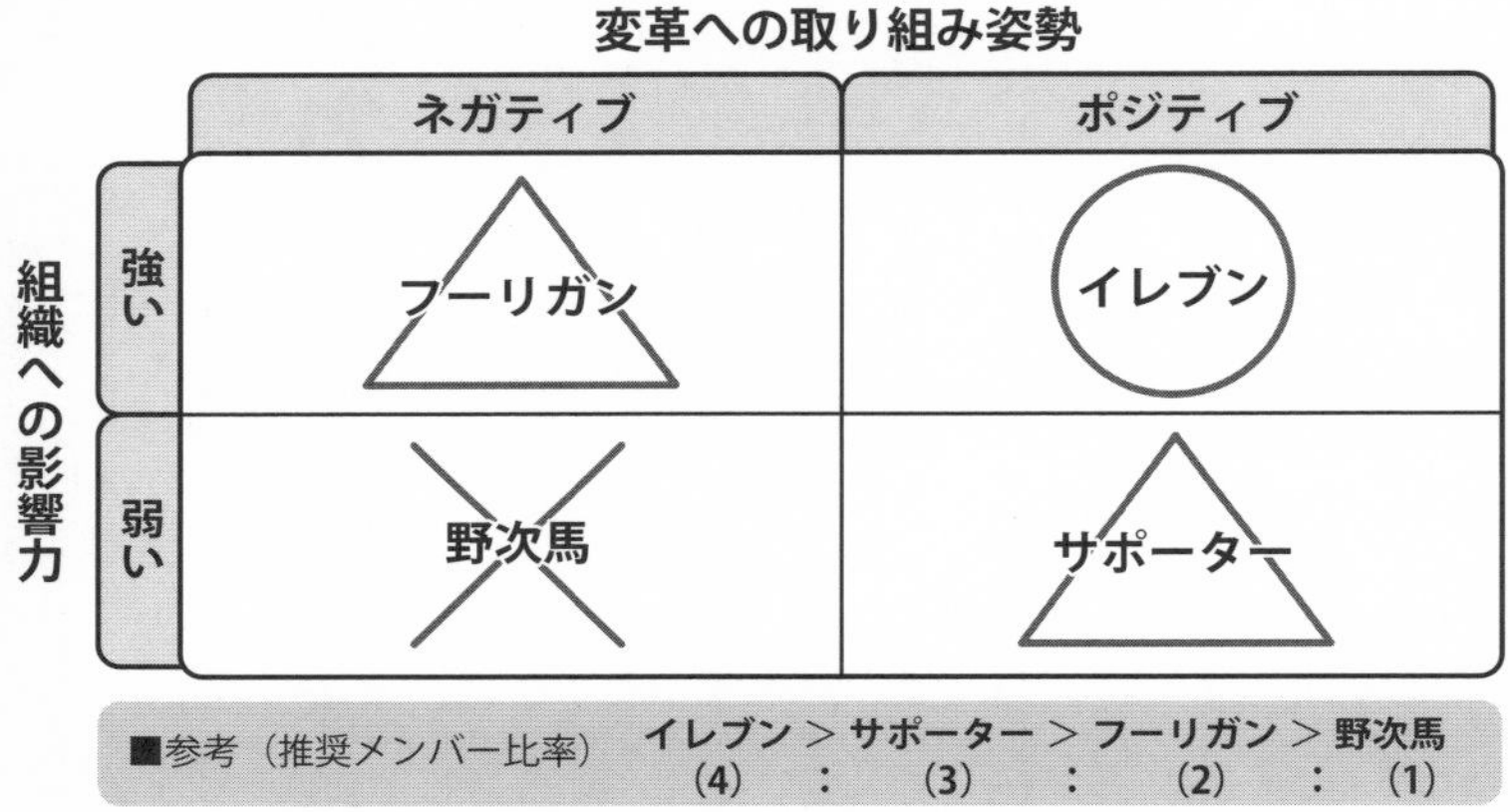

「変革への取り組み姿勢の積極度」と「組織への影響力の強さ」を2軸4象限で分類しています。多くの場合、ポジティブな「イレブン」と「サポーター」とのつながりだけで変革を進めたくなるかもしれませんが、取り組み姿勢はネガティブでも組織への影響力が強い「フーリガン」もいます。

一見すると、ファシリテーターにとって苦手に思える抵抗勢力を排除するのではなく、しっかりと真摯に向き合っていきましょう。

「対話を促す」ためのファシリテーターの6つの機能

【踏み込む Step into】
介入のための6つのポイント

ファシリテーターは、放任主義で対話の行く末を参加者に委ねてはいけません。停滞や混乱がある際には、摩擦を恐れることなく、介入することも欠かせない役割です。適切に介入するための6つのポイントを紹介します。

■①コンテントだけでなく、プロセスの観察を怠らない

目に見える話の内容、コンテントだけでなく、水面下で参加者の中に起こっていること、話し方や姿勢、態度、繰り返されるパターン、無言の間《ま》、参加者間のランク等、発するシグナルの観察をしましょう。

■②タイミングを逃さない

参加者が目に余る逸脱行動を取ったら、素早く介入しましょう。時間が経つと、その行動を相手が忘れてしまったり、介入の焦点がぼやけてしまうリスクがあります。

■③センターピンを外さない

介入したいポイントがたくさんある場合、あれもこれもと求めがちですが、すべてを同時に実行することは不可能です。今、何が最も優先順位が高いのか、改善に向けて影響力の高いセンターピンはどこなのかを見極めて介入しましょう。

■④抽象に逃げない

肝がはっきりしない、以心伝心的な介入は避けましょう。オブラートに包んだような抽象的な物言いでは、伝わらないリスクがあります。介入は、具体的かつ明確に。相手の理解レベルに合わせて、誤解が生まれないように伝えましょう。

■⑤感情「で」介入しない

介入する際は、感情的になってしまうことがありますが、感情は脇に置いて、冷静に介入しましょう。感情「で」伝えると、参加者に適切に届きません。

■⑥介入者のままで終わらない

ファシリテーターと参加者の間には、地位と権限のランクが存在することを忘れてはなりません。介入して終わりではなく、ときには介入後に参加者が改善行動を実際に生み出せるか、適度に寄り添う「支援者」になれるかもポイントです。

【考える Think】
考えることを阻む5つの大きな壁

優れたファシリテーターは、従来の成功体験を健全に疑い、変化し続けます。論理的に分析する左脳思考だけではなく、アイデアを生み出すひらめきや、ときには立ち止まって今、ここにある本質を探究するなど、従来とは異なる質感の「考える」ことが求められています。最後に、よりよく「考える」ことを阻む5つの壁についてお伝えします。

■①経験の壁

ファシリテーターには、経験があります。しかし、「今までこうだったから、こうすべき」という思考は、変化の激しい現在、リスクです。正しさとは、あくまで相対的なものであり、環境が変わったのなら、自分も変化する必要があるのです。一度学習した知識や経験を捨てて新たに学習し直すことを「アンラーニング」と言いますが、経験を一度、白紙にしてみることで、新たな気づきを手に入れましょう。

■②前提の壁

当たり前の話ですが、問題を解くには、問題の存在が必要です。しかし、気をつけなければならないのは、解こうとしている問題が真の問題なのかということです。人は、自分で勝手に前提を決めがちです。それって本当？　と自問することを習慣にしましょう。

■③抽象の壁

よりよく考えるには、数字で具体的に捉えることも必要です。たとえば「けっこう量がある」とはどのくらいの量なのか、「みんなやっている」とは誰のことを指しているのか、何人中何人なのか、漠然とした表現の分母を押さえることも必要です。

■④選択肢の壁

考える際には情報収集からはじめますが、情報が多すぎると、意思決定は遅くなります。私が場を設計する際は、情報は７割あれば十分。８割以上を集めようとすると、１から８割を収集するのと同じか、それ以上の労力がかかります。むしろ、不完全な情報でプロトタイプをつくって試行し、フィードバックを受けてから精度を高めるほうが好ましいです。

■⑤文脈の壁

この図は、縦の列方向と、横の行方向で見たときに捉え方が変わることを示します。中央の文字がＢに見えたり、13に見えたりするのは、どの文脈で考えているかによります。思考が前後の文脈で左右されていないか。安易に判断を下そうとしていないか、見極めることが必要です。自分の持つ文脈がすべてではなく、別の文脈、見方があることも謙虚さを持ちながら探究し、「囚われ」から脱しましょう。

ショートコラム 3

園児から学んだ「問い」のちから

息子の通う保育園で行なわれる相撲大会は、現役力士も来てくれる本格派。終了後の園児からの質問コーナーで、４歳の女の子が放った問いが秀逸でした。

「おすもう以外で得意なものは何ですか？」

その力士は、相撲以外ではピアノが得意だと言い、園にあるグランドピアノの椅子に窮屈そうに腰掛けながら、ＴＭ ＮＥＴＷＯＲＫの名曲「Get Wild」を鮮やかに披露。まさかの展開に相撲の取組みを超えるスタンディングオベーションが起こりました。

語り得なかったことが語られたとき、そこに物語の変容が起こります。女の子が放った問いには、前提をリフレームするという問いの技術が活用されていました。

前提の中で出される問いが「どうすれば、おすもうがもっと強くなれますか？」であるのに対し、前提を覆す問いが、「おすもう以外で得意なものは何ですか？」です。

問いの精度によって対話の場の成否が決まると言っても過言ではありません。柔らかい頭で、問いの技術を磨いていきましょう。

第４章

実践ケーススタディ
参加者の心が動いた場

ここまで、「場のデザイン」と「ファシリテーション」について解説してきたが、百聞は一見にしかず。リアルな事例から学べることは非常に多い。本章では、実際に参加者の心が大きく動いた「キックオフ」「ワークショップ」「社員（パートナー）総会」「表彰式」の場について、合計８事例を紹介する。

A社　目標未達による自信喪失と体制変更による組織への不信感蔓延

部門全員で、新体制施行を機に士気を高める

- 創業年数：8年
- 事業内容：企業向けイベント企画、運営、手配
- 従業員数：41名
- 参加者：41名（※全社員）

◎組織の状態（ストーリー）

A社は、経営コンサルティング企業の中核を担うグループ企業として、組織力を強化する各種イベントの企画・運営・手配を行なっている。旅行代理店と経営コンサルティング企業が一緒になってつくられたという出自であり、組織課題を的確に捉え「賑やかし」で

終わらない実効性ある場づくりの力が評価され、成長を遂げてきた。

しかし、事業拡大を模索していた時期に失速した。グループ内編成が変わり他部門が統合され、コミュニケーションが複雑化、適切な連携が取れなくなったことに加え、アイデンティティが複数存在することで求心力が失われるなど、典型的な多角ステージの症例を発症した。不安から生まれる言い訳が散見され、ベテランの退職も出てくるなど、抜本的な変革が求められていた。年始にリーダーも変わり、V字回復を期待された新体制が、今まさに施行されようとしていた。

◎組織に現われた多角ステージの主な症例

アイデンティティ喪失症（全社）　他部門との統合で、事業、職種、部署が細分化し、存在意義、価値観が薄れる

全社視点欠落症（現場）　目的・連携意識が薄れ、自部署の利益や防衛を優先している

以上の症例を踏まえ、次項以降に、新体制施行を契機に社員の士気を高める「キックオフ」のプランを紹介する。

未来へ向かうエネルギーを充填するイベントをプランニングする

目標未達による自信喪失と体制変更による組織への不信感を払拭すべく、未来へ向かうエネルギーを充填する場を、態度変容を企てる「4つの箱」を用いてプランニングする。

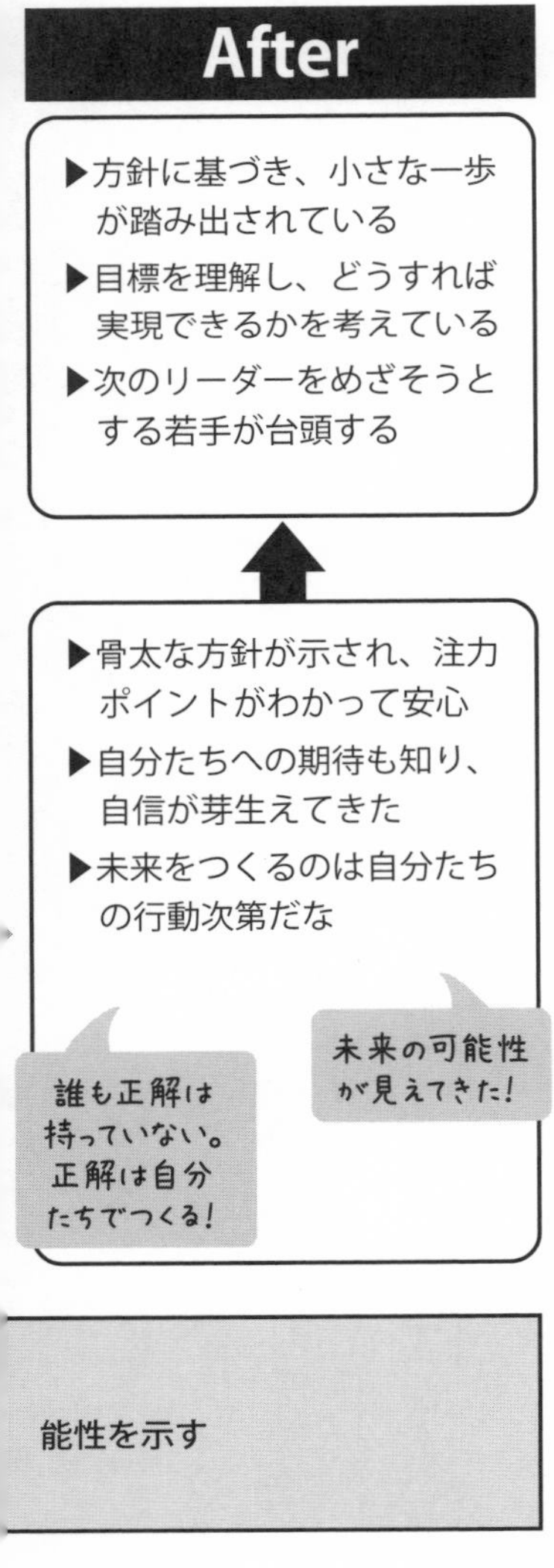
After
▶方針に基づき、小さな一歩が踏み出されている
▶目標を理解し、どうすれば実現できるかを考えている
▶次のリーダーをめざそうとする若手が台頭する
▶骨太な方針が示され、注力ポイントがわかって安心
▶自分たちへの期待も知り、自信が芽生えてきた
▶未来をつくるのは自分たちの行動次第だな
誰も正解は持っていない。正解は自分たちでつくる！
未来の可能性が見えてきた！
能性を示す

Before

表層

具体的に起きている現実
参加者の実際の言動

- ▶期中の大幅な組織体制の変更
- ▶目標未達が続き、できない言い訳が散見される
- ▶次世代リーダークラスの退職

深層

現実の背後にある感情や声

- ▶明確な方針が示されないまま変化が続き、不安
- ▶決めたことが達成できず無力感を味わっている
- ▶優秀な人材が辞め、未来が見えない

「どうせ、経営は現場のことがわかってない！」
「未来が見えないよ！」

【エッジ】
変革を阻む心理的な壁

エッジを越えるための設計のポイント

- これまで明確に示されることのなかった、めざすビジョン（方針）を示す
- 顧客や他カンパニーといった別の角度から期待の声をもらい、将来の可
- 全員で共創解をつくることの大切さをわくわくしながら体感する

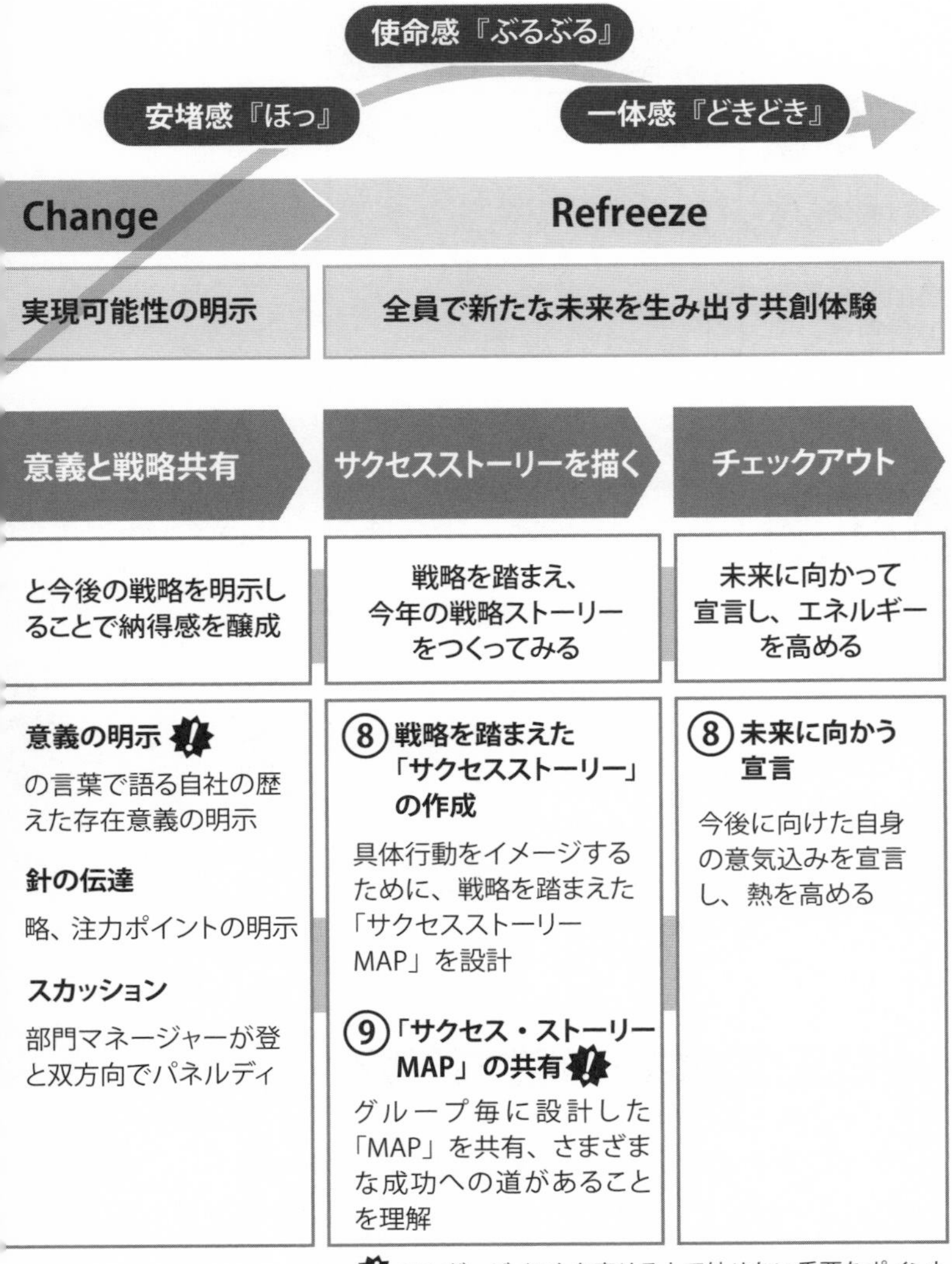
使命感『ぶるぶる』
安堵感『ほっ』
一体感『どきどき』
Change
Refreeze
実現可能性の明示
全員で新たな未来を生み出す共創体験
意義と戦略共有
サクセスストーリーを描く
チェックアウト
と今後の戦略を明示しることで納得感を醸成
戦略を踏まえ、今年の戦略ストーリーをつくってみる
未来に向かって宣言し、エネルギーを高める
意義の明示
の言葉で語る自社の歴えた存在意義の明示
針の伝達
略、注力ポイントの明示
スカッション
部門マネージャーが登と双方向でパネルディ
⑧ 戦略を踏まえた「サクセスストーリー」の作成
具体行動をイメージするために、戦略を踏まえた「サクセスストーリーMAP」を設計
⑨「サクセス・ストーリーMAP」の共有
グループ毎に設計した「MAP」を共有、さまざまな成功への道があることを理解
⑧ 未来に向かう宣言
今後に向けた自身の意気込みを宣言し、熱を高める

エンゲージメントを高める上で外せない重要なポイント

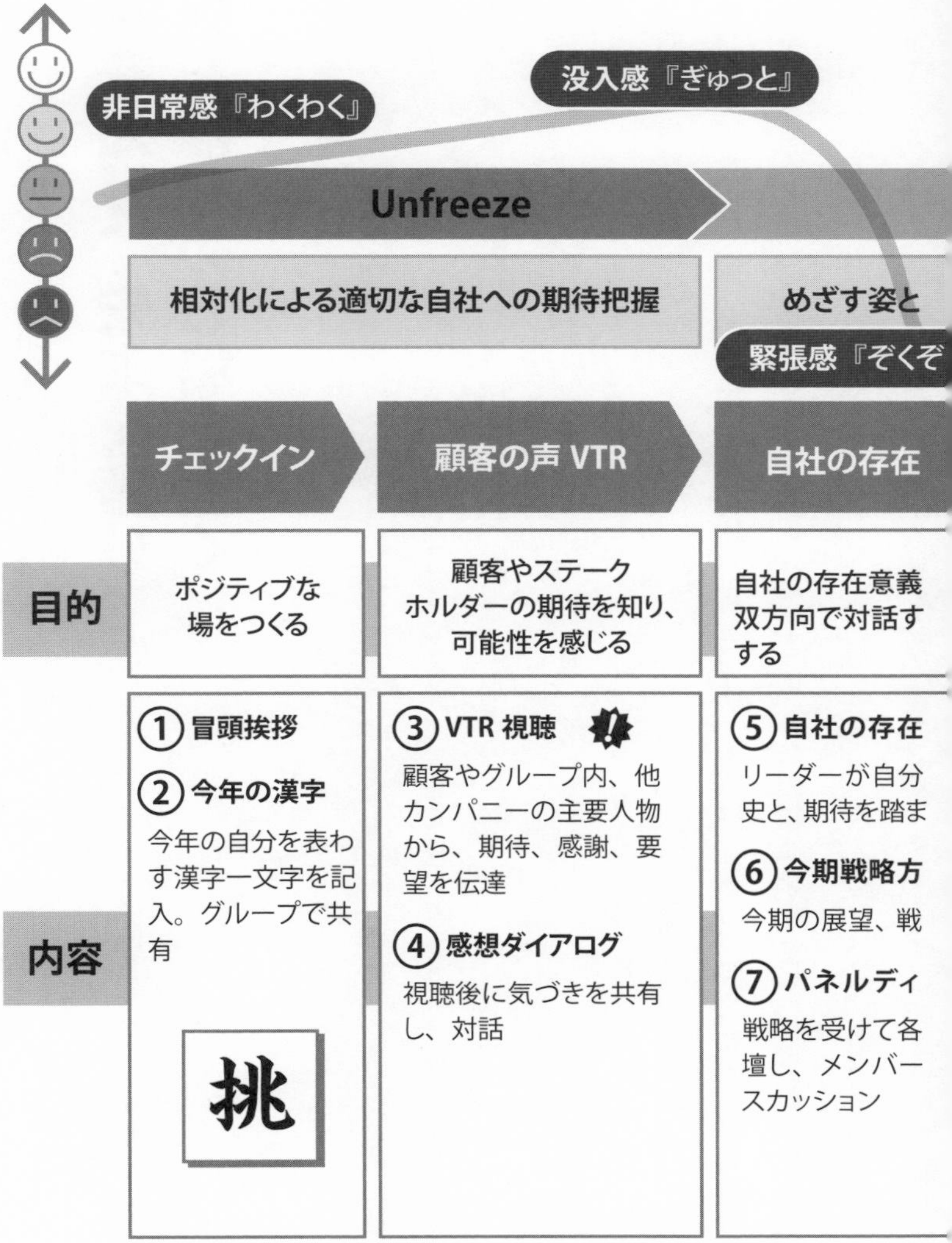

非日常感『わくわく』
没入感『ぎゅっと』
Unfreeze
相対化による適切な自社への期待把握
めざす姿と
緊張感『ぞくぞ
チェックイン
顧客の声 VTR
自社の存在
目的
ポジティブな場をつくる
顧客やステークホルダーの期待を知り、可能性を感じる
自社の存在意義双方向で対話すする
内容
①冒頭挨拶
②今年の漢字
今年の自分を表わす漢字一文字を記入。グループで共有
挑
③VTR 視聴
顧客やグループ内、他カンパニーの主要人物から、期待、感謝、要望を伝達
④感想ダイアログ
視聴後に気づきを共有し、対話
⑤自社の存在
リーダーが自分史と、期待を踏ま
⑥今期戦略方
今期の展望、戦
⑦パネルディ
戦略を受けて各壇し、メンバースカッション

期待を知り、未来を語り、共創をはじめる場を開く

ここまで、多角ステージにあるA社の症例を見立て（See）、新体制施行を契機に社員の士気を高める「キックオフ」の場を「4つの箱」で企てた（Plan）例を紹介してきた。最後に、実際に場を開く（Do）際に、参加者のエンゲージメントを高める上で欠かせなかった3つのポイントについて紹介していく。

◎期待の声VTR

顧客やグループ内、他法人の主要人物から、自社への期待、感謝、要望を撮影したVTRを放映するもの。主要顧客3名と自社グループの2名の組織長から熱いメッセージをいただいた。結果が出なかったり、業績が悪くなると自己肯定感が低くなりがちだが、顔の見える温かい人たちの言葉と映像の力で自信を取り戻すきっかけになった。

◎自社の存在意義の明示

リーダーが自分の言葉で自分たちの存在意義を語ることは、組織を新しくつくっていく上で不可欠な行為。具体的な戦略や事柄を伝える前に、感情に訴える心からのメッセージを発信し、メンバーの気持ちをひとつにした。

◎「サクセス・ストーリーMAP」の共有

「サクセス・ストーリーＭＡＰ」とは、示された戦略に基づいて、それを数多の困難を乗り越えてチームで最終的に成功にたどり着く「ストーリーテリング」の観点を踏まえた戦略地図のこと。新人からボードメンバーまで全員でゴールと道筋を共有し、物語を語る過程を通じて、全員の意識を統合するきっかけとなった。

B社　過去慣性の呪縛と視野狭窄の発生

企業の成長ステージの節目を全員で迎え、新しい一歩を刻む

・創業年数：40年（ただし、完全子会社化し、初年度を迎えている）
・事業内容：医薬品の開発、製造、販売
・従業員数：約６００名　※グローバルでは約２万人
・参加者：６００名（※全社員）

◎組織の状態（ストーリー）

Ｂ社は、世界有数の医薬品企業である。日本市場において長年の実績があり、これまで日本の製薬企業と流通、販売網のパートナーシップを組み、展開してきた。アジア・太平洋地域での日本のマーケットの優先度は年々高まり、その需要に迅速に応えるためにも、

日本における完全子会社として、経営体制を刷新するステージ（企業のライフイベント）を迎えていた。一方で歴史ある企業の宿命として、過去の成功体験や慣習もあり、スピーディーな意思決定力を欠いたり、矢継ぎ早に投入される新薬に意識が向き、大切な患者さんへの視点に距離が置かれるなど、典型的な再生ステージの症例が見られた。新たな経営体制のスタートを切る絶好の節目を活かすべく、集合型のキックオフの開催が企画されたが、コロナ禍で集まることが叶わず、オンラインでのイベントに切り替える必要があった。

◎組織に現われた再生ステージの主な症例

既決感疲弊症（現場）　過去慣性が強く、変革に対してもどうせ何も変わらないという諦め感がはびこる

顧客視点欠落症（現場）　最優先に考えるべき患者さんの存在が、現場であまり聞かれなくなっている

以上の症例を踏まえ、次項以降に、新体制施行を契機に社員の視界を共有する「キックオフ」のプランを紹介する。

新体制を契機に新しいスタートを切るイベントをプランニングする

過去慣性の呪縛と視野狭窄の発生を払拭すべく、新体制を契機に新しいスタートを切る場を、態度変容を企てる「４つの箱」を用いてプランニングする。

After

- ▶自分たちがこの会社を新たにつくっていくという使命感を持って働く人が増えている
- ▶ミッションが仕事の判断基準や振り返りの指針となりはじめている

↑

- ▶会社の新たな方向性や患者さんの声も聞けて意欲が高まった
- ▶ミッションと自分の仕事の紐づけができた

ミッションに込められていた思いが知れた

患者さんの人生を支える支援ができて誇りに思う

伝える
を感じる設計にする
参画感を醸成する

Before

表層

具体的に起きている現実
参加者の実際の言動

▶日々めまぐるしく経営方針が変わる中、「区切り」がなく、一生懸命、仕事に向き合っている
▶新たに策定したミッションの浸透度合いに差がある

深層

現実の背後にある感情や声

▶会社の形態が変わるけど、正直、何がどう変わるんだろう
▶ミッションって何でしたっけ？

ミッションの言葉は知ってますけど、何か？

やることは対して変わらないと思う

【エッジ】
変革を阻む心理的な壁

エッジを越えるための設計のポイント

- コロナ禍の環境において全員がオンラインで集まる意味／意義を丁寧に
- 新たな組織として歩む“これからへの期待”と自身の仕事への“誇り”
- 短時間かつ緩急あるプログラムで参加者の集中力を持続させ、主体的な

安堵感『ほっ』

使命感『ぶるぶる』

一体感『どきどき』

Change	Refreeze	
伝達	これからの変化への期待感醸成	
伝達と Jazz トーク	新オフィス バーチャルツアー	私の約束
意味を伝達すると共に 事にするための場を設	ミッションが体現された 新オフィスを紹介する	未来に向かっての期待 と自分の約束を宣言し エネルギーを高める
の共有 定の背景やキーワード 狙いをしっかり伝達する **Jazz トークセッション** (!) いての疑問や質問、ミ 自分たちの仕事や患者 い方はどう変わるのか、 ダー、若手社員の３名 ばらんに話すセッション ョンを身近なものにする	**⑦ バーチャルオフィスツアー** 新ミッションのコンセプトが体現されている本社オフィスをバーチャル見学する	**⑧ クロージングスピーチ** トップによる締めの挨拶と、新ミッションの中で「私はこれに注力する」という約束を伝える **⑨ 私の約束** (!) トップの約束を踏まえて視聴者全員がイントラ上に「私の約束」を記入

(!) エンゲージメントを高める上で外せない重要なポイント

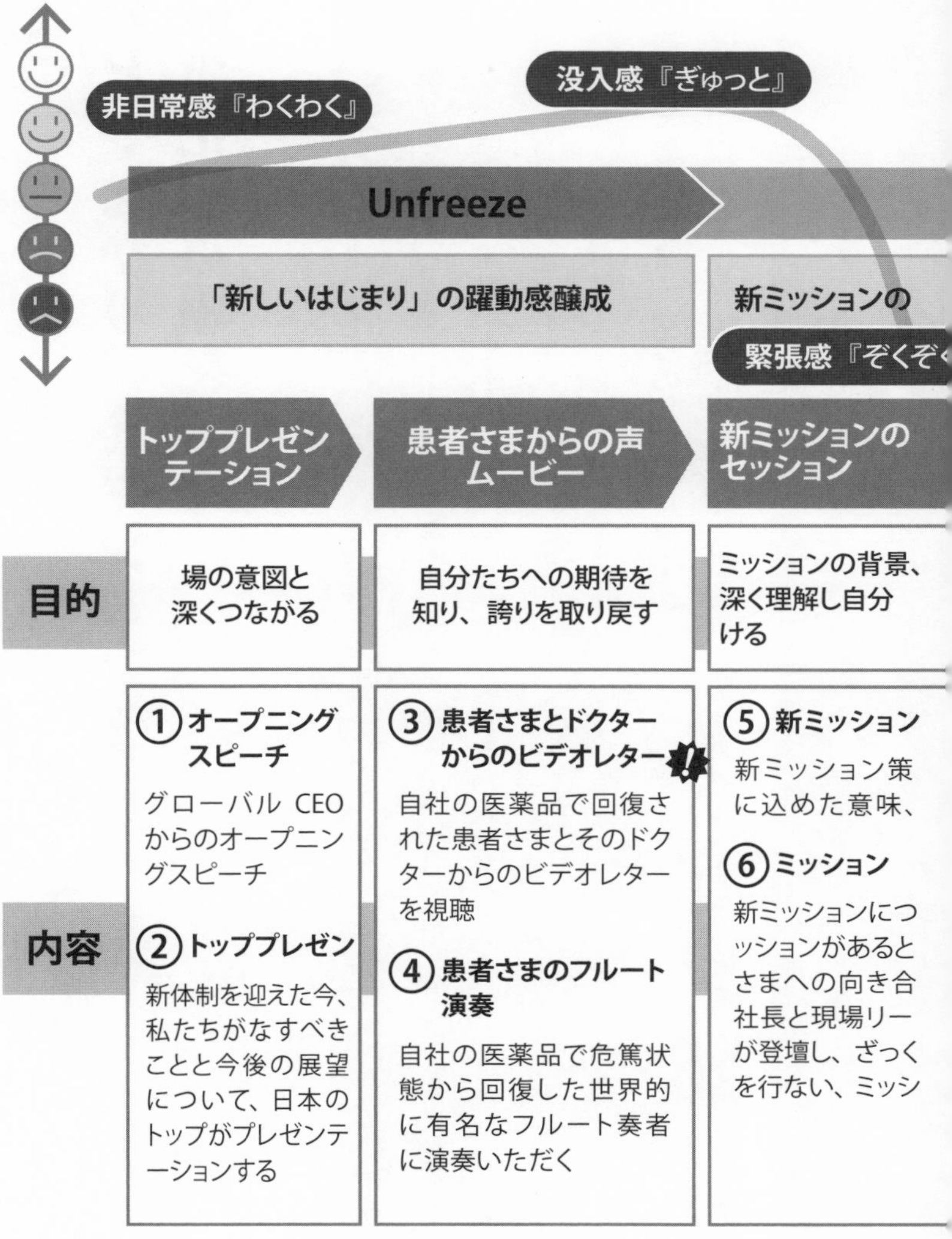
非日常感『わくわく』
没入感『ぎゅっと』
Unfreeze
「新しいはじまり」の躍動感醸成
新ミッションの
緊張感『ぞくぞく
トッププレゼンテーション
患者さまからの声ムービー
新ミッションのセッション
目的
場の意図と深くつながる
自分たちへの期待を知り、誇りを取り戻す
ミッションの背景、深く理解し自分ける
内容
① オープニングスピーチ
グローバル CEO からのオープニングスピーチ
② トッププレゼン
新体制を迎えた今、私たちがなすべきことと今後の展望について、日本のトップがプレゼンテーションする
③ 患者さまとドクターからのビデオレター
自社の医薬品で回復された患者さまとそのドクターからのビデオレターを視聴
④ 患者さまのフルート演奏
自社の医薬品で危篤状態から回復した世界的に有名なフルート奏者に演奏いただく
⑤ 新ミッション
新ミッション策に込めた意味、
⑥ ミッション
新ミッションにつッションがあるとさまへの向き合社長と現場リーが登壇し、ざっくを行ない、ミッシ

キックオフ・オンライン編【開く（Ｄｏ）】

誇りとつながり、ミッションを自分事化する場を開く

ここまで、再生ステージにあるＢ社の症例を見立て（Ｓｅｅ）、新体制施行を契機に社員の視界を共有する「キックオフ」の場を「４つの箱」で企てた（Ｐｌａｎ）例を紹介してきた。最後に、実際に場を開く（Ｄｏ）際に、参加者のエンゲージメントを高める上で欠かせなかった３つのポイントについて紹介していく。

◎患者さまとドクターからのビデオレター

環境や体制が変わろうとも、自分たちが決して見失ってはいけない重篤な疾患と戦うドクターや患者さまの視点。その原点を想起させる上で有効な、自社の医薬品を使って回復した患者さんやそのドクターにリアルな声をいただき、ビデオレターとして放映。医療従事者としての志を再確認し、自分の仕事への誇りを取り戻す機会になった。

◎ミッション・Jazzトークセッション

ミッションの説明だけで終わると、どうしても現場社員との距離感が埋まらず「お題目」で終わりがち。説明後にＣＥＯと現場リーダーと入社３年目の若手社員に登場いただき、事前の取り決めなしにジャズのＪＡＭセッションのようにざっくばらんにミッションについて対話をする機会を持った。素朴な疑問や自分たちへの期待などをそれぞれの視界で話してもらうことで、ミッションの解像度をクリアにした。

◎私の約束

オンラインの場は、どうしても「視聴者」になりがち。最後は、新ミッション遂行を通じて自分は何をするのか、トップの約束を聞いた後に、全員がその場で社内イントラネットに「私の約束」を記入し、真の「参加者」になってもらう。後日、各自が記入した「約束」を職場単位でＺｏｏｍを使ってシェアする場をつくることで、イベントの非日常と日常を接続させる機会にした。

C社　規模拡大による価値観の多様化と組織の求心力低下

ダイバーシティ&インクルージョンの先にある未来共創

・創業年数：７年
・事業内容：法人向け、MICE事業
・従業員数：38名
・参加者：38名（※全社員）

◎組織の状態（ストーリー）

Ｃ社は、ＭＩＣＥと呼ばれる、会議（Meeting）、表彰式（Incentive）、総会（Convention）、展示会（Exhibition/Event）の企画、運営、手配を行なう企業である。参加者の意欲を喚起する企画、運営力が評価され、成長を遂げてきた。しかし、拡大ステージに失速した。毎年、新卒や中途社員が加入し、毎月、契約社員を雇用するなど、社員数の増加と共に、価値観も多様化。組織の通過体験の格差も生まれ、以前のような「あ・うん」のコミュニケーションは図れず、背景の異なる社員同士の共創にも課題が生じるなど、典型的な拡大ステージの症例が見られた。C社は7周年の創業記念日を迎えようとしており、単なる祝賀パーティーで終わることなく、創業日に一度立ち止まって歴史を振り返り、互いを知り、未来を展望する絶好のきっかけとなるような機会を模索していた。

◎組織に現われた拡大ステージの主な症例

組織ルール不足症（ミドル）　従業員間の体験格差が生まれ、共通言語が通じない。判断基準が属人的となる

長期視点欠落症（現場）　業務量に忙殺され、視野狭窄に。他者や他部門に関心を持たず、共創意識が薄い

以上の症例を踏まえ、次項以降に、歴史を追体験することで従業員の体験格差を埋め、多様な価値観を束ねる「ワークショップ」のプランを紹介する。

ワークショップ・リアル編【企てる（Ｐｌａｎ）】

個人と組織の歴史、ＤＮＡを紐解くイベントをプランニングする

規模拡大による価値観の多様化と組織の求心力低下を払拭すべく、個人と組織の歴史、ＤＮＡを紐解く場を、態度変容を企てる「４つの箱」を用いてプランニングする。

After

- ▶会社の歴史、個人の歴史がわかり、親密さが増している
- ▶全員の視界が揃い、今から、ここから未来をつくっていこうとする発言が増えている

- ▶お互いの歴史を大事にする必要があるな
- ▶こんな素敵なメンバーと新しいことをしていきたい

理解が深まり心の距離が縮まった

過去があるから未来がつくれるんだな

場）を物理的につくる

Before

表層

具体的に起きている現実
参加者の実際の言動

▶部門の統廃合で人員が増加し、「通過体験」に格差が生まれてきている
▶各人の視界がバラつき、全員で共創しているイメージを持てていない

深層

現実の背後にある感情や声

▶社内で使っている言葉でわからない単語がよくある
▶人が増えて、お互いのことをよく知らない

隣に座っている人との間に心の距離がある

「昔話」はやめてほしい

【エッジ】
変革を阻む心理的な壁

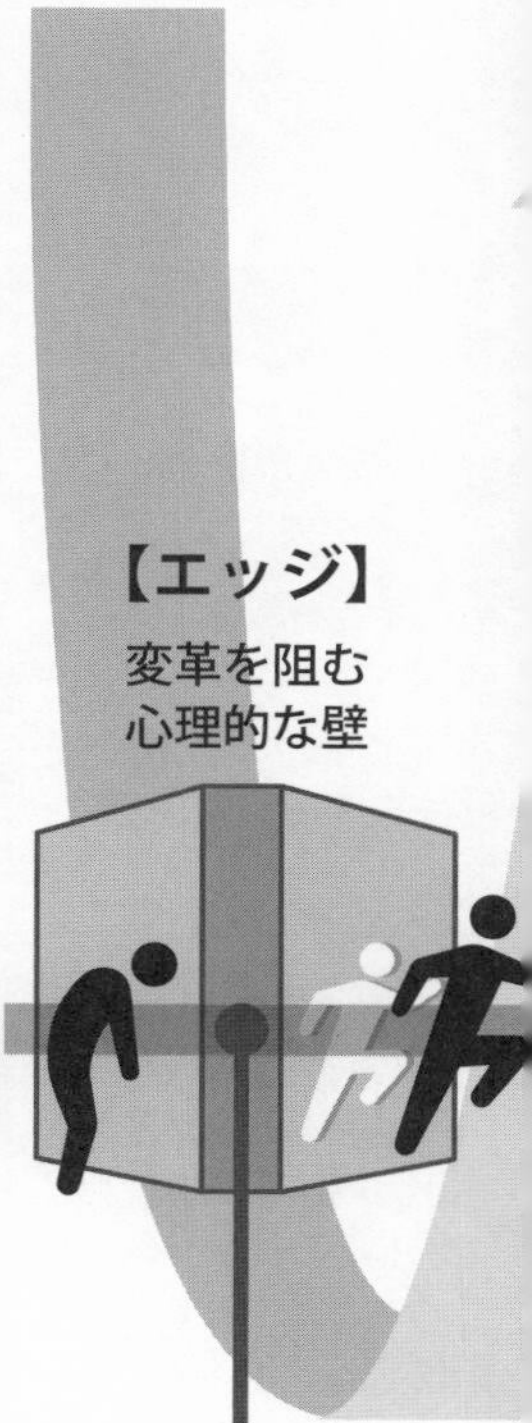

エッジを越えるための設計のポイント

- 組織の歴史を振り返って視界を共有し、認識を揃える機会をつくる
- 個人の歴史や大事にしている価値観を互いに知り、「心の距離」を近づける
- 全員で共創する第一歩としての場（確実に記憶に残るような共通体験の

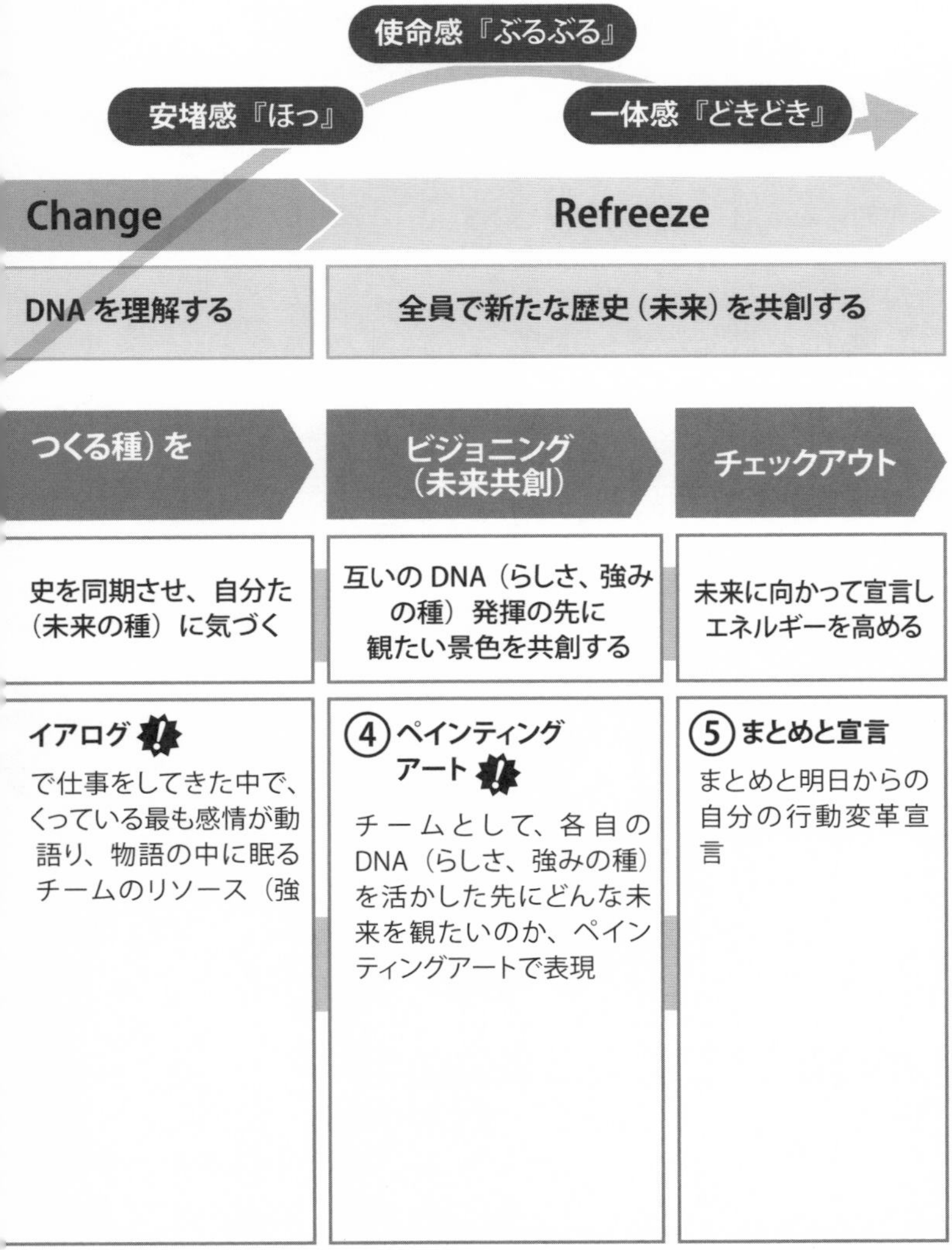
使命感『ぶるぶる』
安堵感『ほっ』
一体感『どきどき』
Change
Refreeze
DNAを理解する
全員で新たな歴史（未来）を共創する
つくる種）を
ビジョニング（未来共創）
チェックアウト
史を同期させ、自分た（未来の種）に気づく
互いのDNA（らしさ、強みの種）発揮の先に観たい景色を共創する
未来に向かって宣言しエネルギーを高める
イアログ
で仕事をしてきた中で、くっている最も感情が動語り、物語の中に眠るチームのリソース（強
④ペインティングアート
チームとして、各自のDNA（らしさ、強みの種）を活かした先にどんな未来を観たいのか、ペインティングアートで表現
⑤まとめと宣言
まとめと明日からの自分の行動変革宣言

エンゲージメントを高める上で外せない重要なポイント

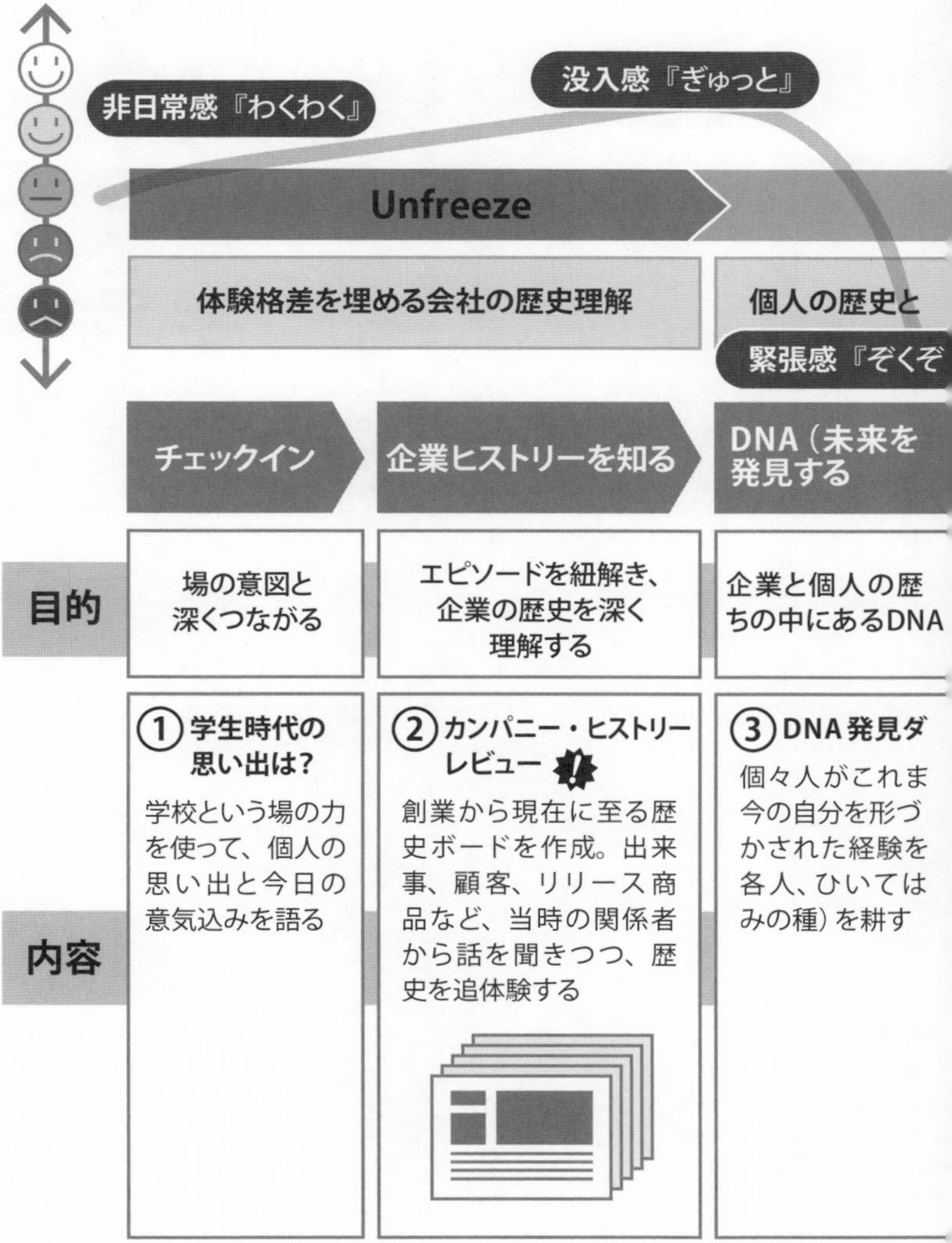
非日常感『わくわく』
没入感『ぎゅっと』
Unfreeze
体験格差を埋める会社の歴史理解
個人の歴史と
緊張感『ぞくぞ
チェックイン
企業ヒストリーを知る
DNA（未来を
発見する
目的
場の意図と
深くつながる
エピソードを紐解き、
企業の歴史を深く
理解する
企業と個人の歴
ちの中にあるDNA
内容
①学生時代の
思い出は？
学校という場の力
を使って、個人の
思い出と今日の
意気込みを語る
②カンパニー・ヒストリー
レビュー
創業から現在に至る歴
史ボードを作成。出来
事、顧客、リリース商
品など、当時の関係者
から話を聞きつつ、歴
史を追体験する
③DNA発見ダ
個々人がこれま
今の自分を形づ
かされた経験を
各人、ひいては
みの種）を耕す

これまでの歴史とこれからの未来をつなぐ場を開く

ここまで、拡大ステージにあるC社の症例を見立て（See）、従業員の体験格差を埋め、多様な価値観を束ねる「ワークショップ」の場を「4つの箱」で企てた（Plan）例を紹介してきた。最後に、実際に場を開く（Do）際に社員のエンゲージメントを高める上で欠かせなかった3つのポイントについて紹介していく。

◎カンパニー・ヒストリーレビュー

歴史を扱うにふさわしい場所を求め、都内の廃校をリノベーションした施設で実施した。教室には、誰にとっても懐かしい黒板、木と鉄の椅子、床といった、過去や歴史とつながりやすい空間の力がある。創業からの歴史をパネル表示し、それを円座で囲み、出来事やリリースした商品・サービスの話を関係者から引き出し、全員で歴史を追体験した。

◎ＤＮＡ発見ダイアログ

会社の歴史を追体験した上で、同じ時間軸上で個人はどのような仕事をして、どんな「らしさ」（大事にしている価値観やＤＮＡ）を育んできたのか、個人の物語の中に備わる、各人、ひいては会社のリソース（未来を生み出す強みの種）を対話によって抽出し、会社と個人の歴史を同期させることができた。

◎ペインティングアート

ペインティングアートは、ＤＮＡ発見ダイアログで抽出された各自のＤＮＡ（強みの種）を活かした先にどんな未来を観たいのか、ペインティングで表現する共創体験。これまで分断されていた個々人が真っ白なキャンバスにＤＮＡを蒔き、その上に全員でペインティングしていくことで、分断から越境、共創へと成功体験を生み出すことができた。

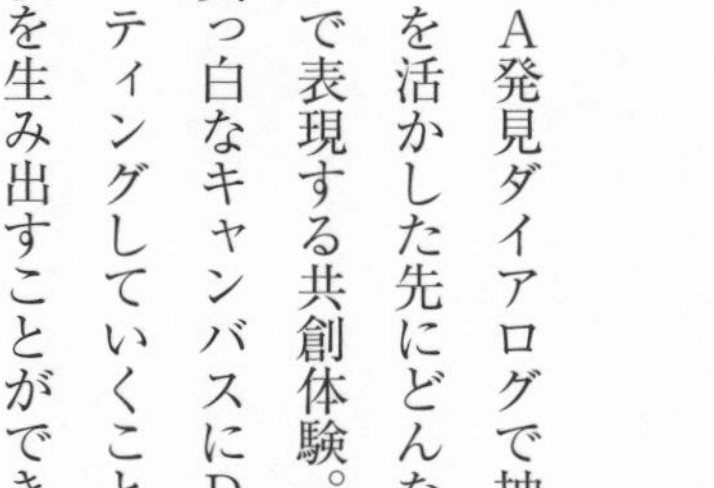

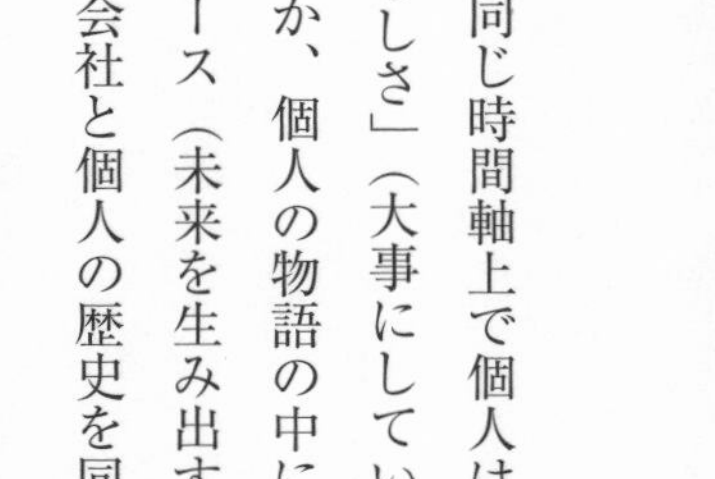

D社　チーム間の相互不信によりエンゲージメントが低下

リーダーとメンバー、およびチーム全体の関係性を強化する

・創業年数：19年
・事業内容：採用・育成・制度・風土変革を支援する組織変革コンサルティング
・従業員数：250名
・参加者：9名（※研究開発部門の社員）

◎組織の状態（ストーリー）

D社は、組織変革を担うコンサルティング企業であるが、今回の対象組織はその中の研究所。経営学・心理学などの学術理論と実践的なコンサルティングの知見を融合させた独自技術を進化させ、経営技術や商品サービスを開発している。一方で、圧倒的な専門性の

高さが求められる職場特性から、新規入社者の即戦力化が難しいことに加え、専門性が突き抜けて高い所長に対しメンバーの畏怖心や依存心が生まれたり、現場要請の緊急度の高い開発案件の支援で業務量が増加し、所員同士のコミュニケーションが希薄化。中長期的な重要度の高い研究への投資活動や、長期的なビジョンを持った仕事が後手に回るなど、典型的な拡大ステージの症例が見られた。期初より、新規入社者が３名加入するなど、このタイミングで手を打たないと課題が顕在化してしまう岐路に立っていた。

◎組織に現われた拡大ステージの主な症例

経営トップ依存症（全社）　トップダウンが定着、所長に対する依存心が蔓延している

長期視点欠落症（現場）　業務量拡大、専門性の追求で視野狭窄になり、ビジョンが見出せない状態

以上の症例を踏まえ、次項以降に、新チーム組成を契機にエンゲージメントを高める「ワークショップ」のプランを紹介する。

チームのつながりを取り戻すイベントをプランニングする

チーム間の相互不信によりエンゲージメントが低下している状態から脱却すべく、心のつながりを取り戻す場を、態度変容を企てる「４つの箱」を用いてプランニングする。

After

▶お互いが大切にしている価値観や背景がわかり、コミュニケーションが円滑になっている

▶未来に向けた具体的な一歩が踏み出されている

▶リーダーや各人の人間性がわかり、親しみを覚えた

▶全員で見たい未来が見えてきた

自分たちの大切にしたいことがわかった

リーダーだけでなく、皆のことも知れた

バーの共感の総量を高める
気づく

Before

表層

具体的に起きている現実
参加者の実際の言動

▶リーダーが他部署も兼務し忙しく、メンバーとの関係が希薄になっている
▶職場のエンゲージメントサーベイ（調査）のスコアが前回よりも大幅に低下している

深層

現実の背後にある感情や声

▶リーダーも各人も忙しく、つながりを感じられない
▶職場の未来のビジョンが見えない

リーダーの本音が見えない！

R&D 部門としてめざすビジョンって？

エッジを越えるための設計のポイント

- 強みや弱みを含めた、これまで知らなかったリーダーの一面を知り、メン
- メンバーの知らない一面を知り、チームにある豊かな資源（リソース）に
- チームにすでにある資源（リソース）から全員で見たいビジョンを生成する

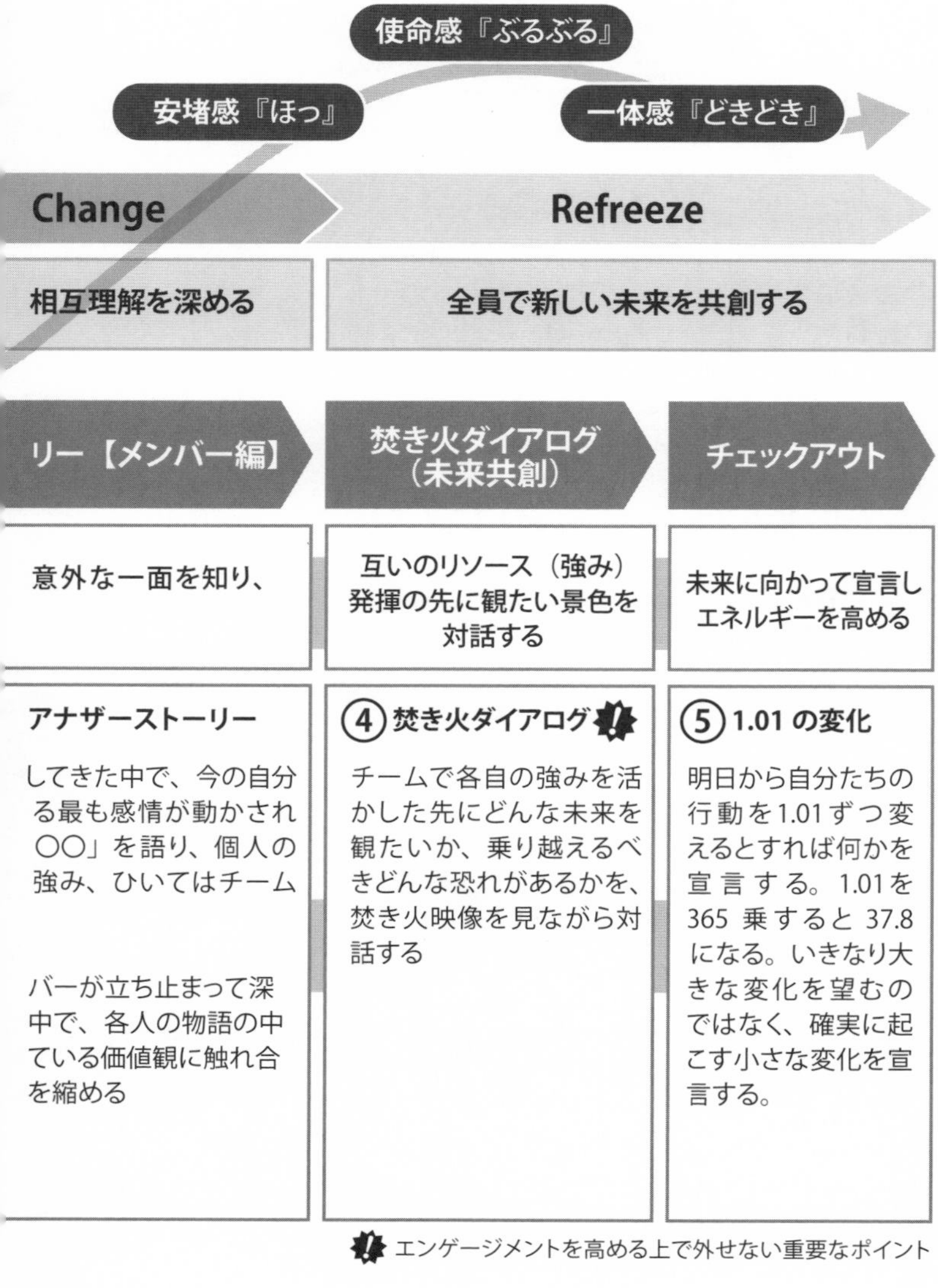
使命感『ぶるぶる』
安堵感『ほっ』
一体感『どきどき』
Change
Refreeze
相互理解を深める
全員で新しい未来を共創する
リー【メンバー編】
焚き火ダイアログ（未来共創）
チェックアウト
意外な一面を知り、
互いのリソース（強み）発揮の先に観たい景色を対話する
未来に向かって宣言しエネルギーを高める
アナザーストーリー
してきた中で、今の自分る最も感情が動かされ〇〇」を語り、個人の強み、ひいてはチーム
バーが立ち止まって深中で、各人の物語の中ている価値観に触れ合を縮める
④焚き火ダイアログ
チームで各自の強みを活かした先にどんな未来を観たいか、乗り越えるべきどんな恐れがあるかを、焚き火映像を見ながら対話する
⑤1.01の変化
明日から自分たちの行動を1.01ずつ変えるとすれば何かを宣言する。1.01を365乗すると37.8になる。いきなり大きな変化を望むのではなく、確実に起こす小さな変化を宣言する。

エンゲージメントを高める上で外せない重要なポイント

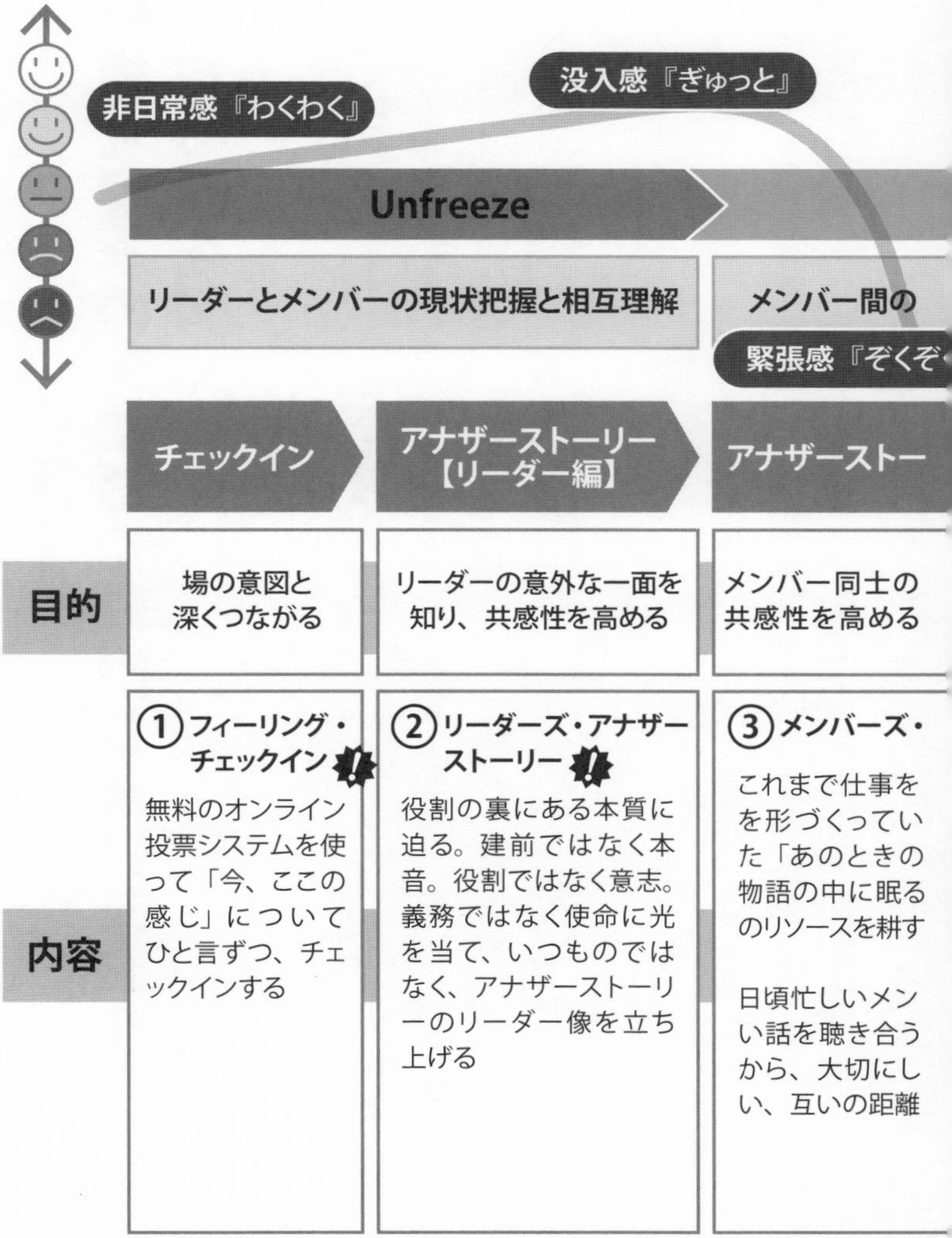

非日常感『わくわく』
没入感『ぎゅっと』
Unfreeze
リーダーとメンバーの現状把握と相互理解
メンバー間の
緊張感『ぞくぞ
チェックイン
アナザーストーリー【リーダー編】
アナザーストー
目的
場の意図と深くつながる
リーダーの意外な一面を知り、共感性を高める
メンバー同士の共感性を高める
内容
①フィーリング・チェックイン
無料のオンライン投票システムを使って「今、ここの感じ」についてひと言ずつ、チェックインする
②リーダーズ・アナザーストーリー
役割の裏にある本質に迫る。建前ではなく本音。役割ではなく意志。義務ではなく使命に光を当て、いつものではなく、アナザーストーリーのリーダー像を立ち上げる
③メンバーズ・
これまで仕事をを形づくっていた「あのときの物語の中に眠るのリソースを耕す
日頃忙しいメンい話を聴き合うから、大切にしい、互いの距離

ワークショップ・オンライン編【開く（Do）】

深い相互理解の先につくり出したい未来を創造する場を開く

ここまで、拡大ステージにあるD社の症例を見立て（See）、新チーム組成を契機にエンゲージメントを高める「ワークショップ」の場を「4つの箱」で企てた（Plan）例を紹介してきた。最後に、実際に場を開く（Do）際に、参加者のエンゲージメントを高める上で欠かせなかった3つのポイントについて紹介していく。

◎フィーリング・チェックイン

欧米のカンファレンスでよく使われている「Poll Everywhere」（https://www.polleverywhere.com/）のシステムを使って、今の自分の気持ちに近い表情にピンを置き、なぜその表情なのかチェックイン。オンラインの特性を活かし、面と向かっては言いにくい自分の感情を可視化し、場の意図（関係性強

あなたの今の Feeling は？

化）と深くつながることができた。

◎リーダーズ・アナザーストーリー

百を超える質問でリーダーの本質に迫る。質問は乱数で選ぶことで、オンラインでもどきどき感を味わえる。図のようにグーグルで「random number」と入力。最小と最大値を打って生成ボタンを押せばＯＫ。即答し難い本質的な問いや人柄を示すフランクな問いまでさまざま用意しておくことで、いつものリーダーではなく、アナザーストーリーのリーダーが垣間見え、メンバーの共感性を高めた。

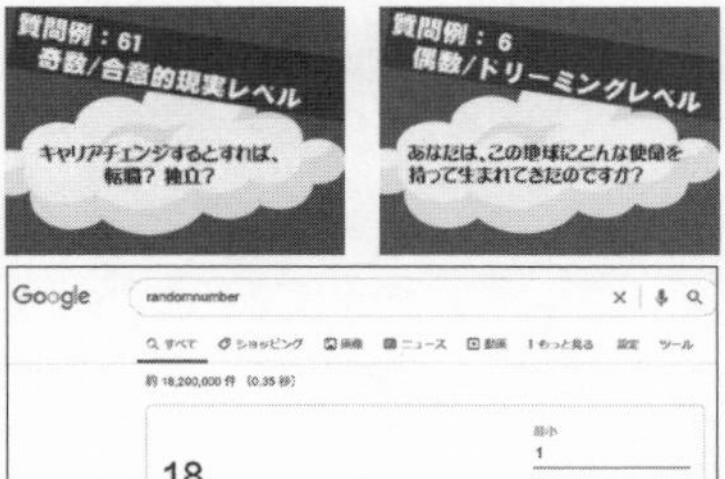

◎焚き火ダイアログ

それぞれの画面上の顔をオフにし、部屋の明かりを消してもらい、４Ｋ動画で撮影された焚き火の動画をシェアスクリーンにして、全員で見る。焚き火の弾ける音とその様子を画面上で眺めながら、新しいチームに何が求められているのか、今、何を恐れているのかを対話し、チーム全員が共に観たい未来を探求、共創する時間を設けた。

E社　パートナーごとにロイヤルティにバラツキが発生
顧客価値の最大化による選ばれる店舗づくり

・創業年数：43年
・事業内容：自動車用化学製品、関連商品の販売、特約店への販売促進
・従業員数：111名
・参加者：250名（※E社の全国特約店オーナーおよび店長）

◎組織の状態（ストーリー）

E社は、自動車用化学製品を扱う会社。世界的な化学製品グループの一員として、グローバルとの連携を図り、系列の特約店、サービスステーションの発展のサポート、自動車関連商品、作業機器の開発と販売を事業としている。業界を取り巻く環境は、電気自動車

の普及をはじめとする省燃費車両の普及、ライフスタイルの変化などにより、逆風が吹きはじめている。全国津々浦々にある特約店にはそれぞれオーナーがおり、本部として求心力を発揮することが構造的に困難であること、特約店の範囲を超えて情報共有や連携するのが難しい状況であることなど、典型的な多角ステージの症例が見られた。しかし、扱う化学製品の需要が減少する中で収益を高めるには、特約店の競争力向上が絶対に外せない条件であった。

◎組織に現われた多角ステージの主な症例

マネジメント画一症（ミドル）　人や組織の特性が多様化し、画一的なマネジメントに対し閉塞感を覚える

全社視点欠落症（現場）　連携意識が薄れ、自店舗の利益や防衛を優先し、系列視点の欠落が障害を招く

以上の症例を踏まえ、次項以降に、全国の系列特約店のロイヤルティを高める「パートナー総会」の場のプランを紹介する。

社員（パートナー）総会・リアル編【企てる（Plan）】

顧客価値を高める、わくわく感溢れるイベントをプランニングする

各パートナーのロイヤルティに差が生じ、求心力が低下している状態から脱却すべく、顧客価値を高める場を、態度変容を企てる「4つの箱」を用いてプランニングする。

After

- 方針に基づき、店舗で行動が生まれている
- 「有益な気づきや、情報交換もできたので、来年の総会も楽しみ」という声がアンケートで寄せられている

↑

- 方針だけでなく、実行するためのヒントが手に入った
- 他の特約店の人も思いを持って仕事をしているし、有意義な情報交換もできて、来てよかった！

他の特約店はライバルではなく同志なんだな

自分に置き換え方針を考えることができた

何が得られるかを明らかにする
交換できる機会をつくる

Before

表層

具体的に起きている現実
参加者の実際の言動

▶方針変更や注力商品変更が相次いでいる
▶方針を伝えるだけの総会で、平日（営業日）の日中に全国の特約店に召集をかけている

深層

現実の背後にある感情や声

▶また、面倒なことを本部から言われるのでは？
▶方針伝達だけの場なら、わざわざ集まる必要があるのだろうか？

今年も本部が無理難題を言ってきた！

他の特約店の人とは、何か話しにくいな

【エッジ】
変革を阻む心理的な壁

エッジを越えるための設計のポイント

- 方針（顧客価値の最大化）だけではなく、なぜ必要なのか、実行の先に
- 一方的な伝達の場だけではなく、特約店のパートナー同士が交流し情報
- 店舗での実行力を高めるために、「最初の一歩」を明らかにし、宣言する

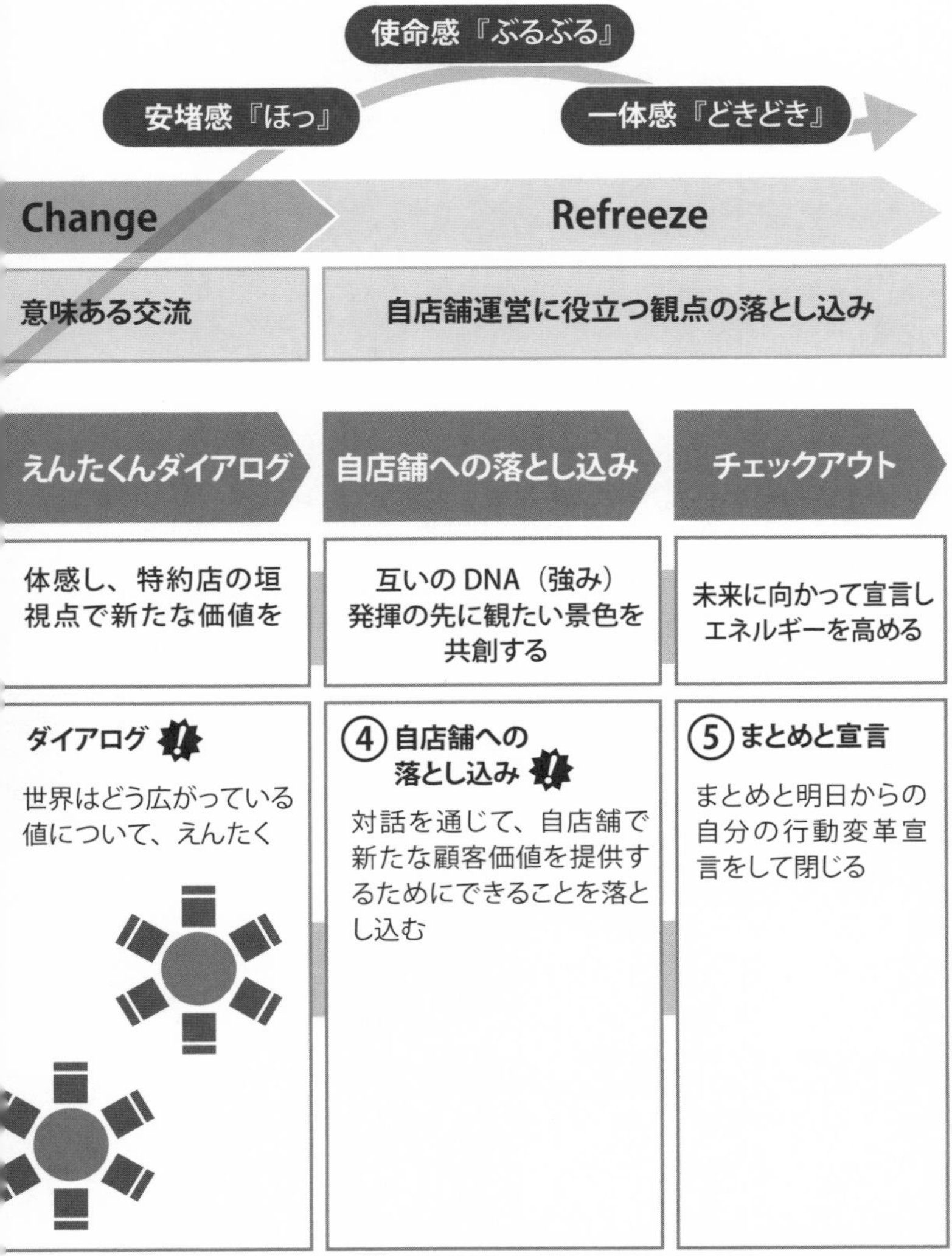
使命感『ぷるぷる』
安堵感『ほっ』
一体感『どきどき』
Change
Refreeze
意味ある交流
自店舗運営に役立つ観点の落とし込み
えんたくんダイアログ
自店舗への落とし込み
チェックアウト
体感し、特約店の垣
視点で新たな価値を
互いのDNA（強み）
発揮の先に観たい景色を
共創する
未来に向かって宣言し
エネルギーを高める
ダイアログ
世界はどう広がっている
値について、えんたく
④自店舗への
落とし込み
対話を通じて、自店舗で
新たな顧客価値を提供す
るためにできることを落と
し込む
⑤まとめと宣言
まとめと明日からの
自分の行動変革宣
言をして閉じる

エンゲージメントを高める上で外せない重要なポイント

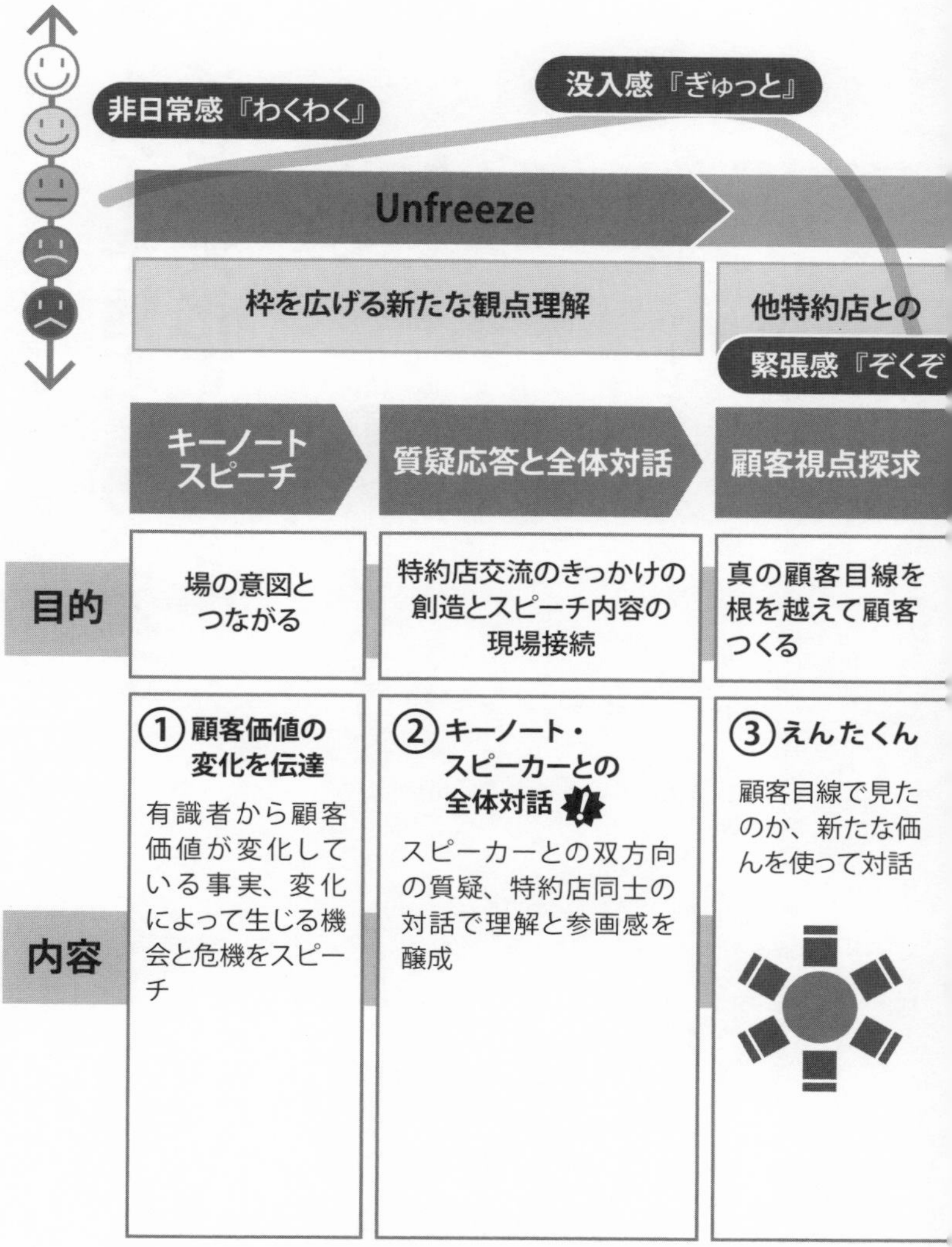
非日常感『わくわく』
没入感『ぎゅっと』
Unfreeze
枠を広げる新たな観点理解
他特約店との
緊張感『ぞくぞ
キーノート
スピーチ
質疑応答と全体対話
顧客視点探求
目的
場の意図と
つながる
特約店交流のきっかけの
創造とスピーチ内容の
現場接続
真の顧客目線を
根を越えて顧客
つくる
内容
①顧客価値の
変化を伝達
有識者から顧客価値が変化している事実、変化によって生じる機会と危機をスピーチ
②キーノート・
スピーカーとの
全体対話
スピーカーとの双方向の質疑、特約店同士の対話で理解と参画感を醸成
③えんたくん
顧客目線で見た
のか、新たな価
んを使って対話

社員（パートナー）総会・リアル編　【開く（Do）】

スピーカーや他店との交流で気づきを最大化する場を開く

ここまで、多角ステージにあるE社の症例を見立て（See）、全国の系列特約店のロイヤルティを高める「パートナー総会」の場を「4つの箱」で企てた（Plan）例を紹介してきた。最後に、実際に場を開く（Do）際に社員のエンゲージメントを高める上で欠かせなかった3つのポイントについて紹介していく。

◎キーノート・スピーカーとの全体対話

「本部からの一方的な方針伝達のみの場」を疑問視する参加者の声があったため、外部の有識者を招き、総会のコンセプトである「顧客価値の変化に伴う機会と危機」をスピーチしてもらった。日常では得難い視点や気づきを得ると共に、特約店の参加者同士で感想を共有し、スピーカーとの双方向の質疑応答を行ない、場内の一体感を醸成した。

◎えんたくんダイアログ

「えんたくん」（発売元／有限会社 三ヶ日紙工）という対話活性ツール（円卓サイズのダンボール素材でテーブルになり、直接書き込みもできる）を用いた対話を実施。スピーカーの話を受け、さらに思考を深めるもの。具体的には、カラフルな眼鏡を配布し、色ごとに顧客のペルソナを設定。自分がその色の顧客だったら、どんな価値を選択するのかを対話し、顧客目線になりきることができた。

◎自店舗への落とし込み

「えんたくん」ダイアログを２５０人で実施した後は、場内を全員でギャラリーウォークし、自店舗に落とし込めるような具体的な気づきや行動に「ドットシール」（丸い形状のシール）で投票。特約店の垣根を越えて、自店舗の実効力を高める具体的な一歩に落とし込むことに寄与した。

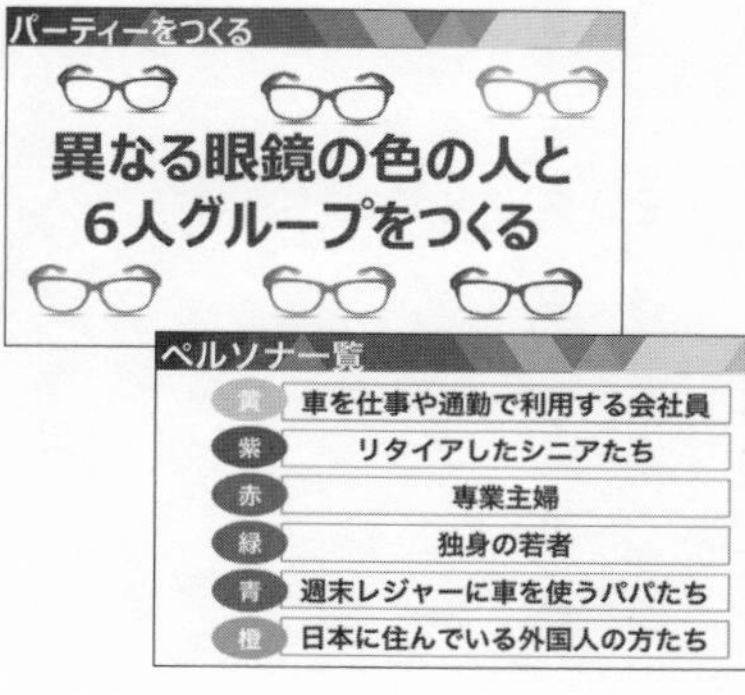

パーティーをつくる

異なる眼鏡の色の人と６人グループをつくる

黄	車を仕事や通勤で利用する会社員
紫	リタイアしたシニアたち
赤	専業主婦
緑	独身の若者
青	週末レジャーに車を使うパパたち
橙	日本に住んでいる外国人の方たち

F社　経営のメッセージが社員に届かない、自分事にならない

映像とパネルディスカッションによる経営メッセージの浸透

・創業年数：48年
・事業内容：オフィスビルのプロパティマネジメント事業、ソリューション事業
・従業員数：1700名
・参加者：200名（※東京本部社員）

◎組織の状態（ストーリー）

F社は、総合不動産会社のオフィスビル事業の中核を担う企業として、テナント企業や地域・社会に多様な付加価値を提供している。社会、業界環境の変化を受け、事業・組織の両面でパラダイム転換を図るべく、新経営計画で新たな会社像（ビジョン）を掲げたも

のの、現場レベルではビジョンと日々の業務、マネジメントが接続できず、ビジョンが浸透していなかった。組織内に育まれた過去慣性や変化に対する抵抗、無関心さなど、典型的な再生ステージの症例が見られた。経営は、社員に直接メッセージを伝える社員総会の場を活用し、ビジョンを実現する具体的な行動や変化を喚起する機会をつくりたいという願いを持っていたが、プロパティマネジメントの業務特性上、現場を1日空けることが難しく、オンライン上で短時間のうちに効果的に目標を達成する方法を模索していた。

◎組織に現われた再生ステージの主な症例

マネジメント閉塞症（ミドル）　他部門をつなぐマネジメントがされなくなり、自部門最適が優先される

顧客視点欠落症（現場）　顧客の存在が後回しになり、現場で顧客の話が聞かれなくなる

以上の症例を踏まえ、次項以降に、社員がオンラインで集う「社員総会」を最大限に活かす場のプランを紹介する。

社員総会・オンライン編【企てる（Ｐｌａｎ）】

映像×対話でメッセージが浸透するイベントをプランニングする

経営のメッセージが社員に届かない状況を突破するために、映像×対話でビジョンが浸透する場を、態度変容を企てる「４つの箱」を用いてプランニングする。

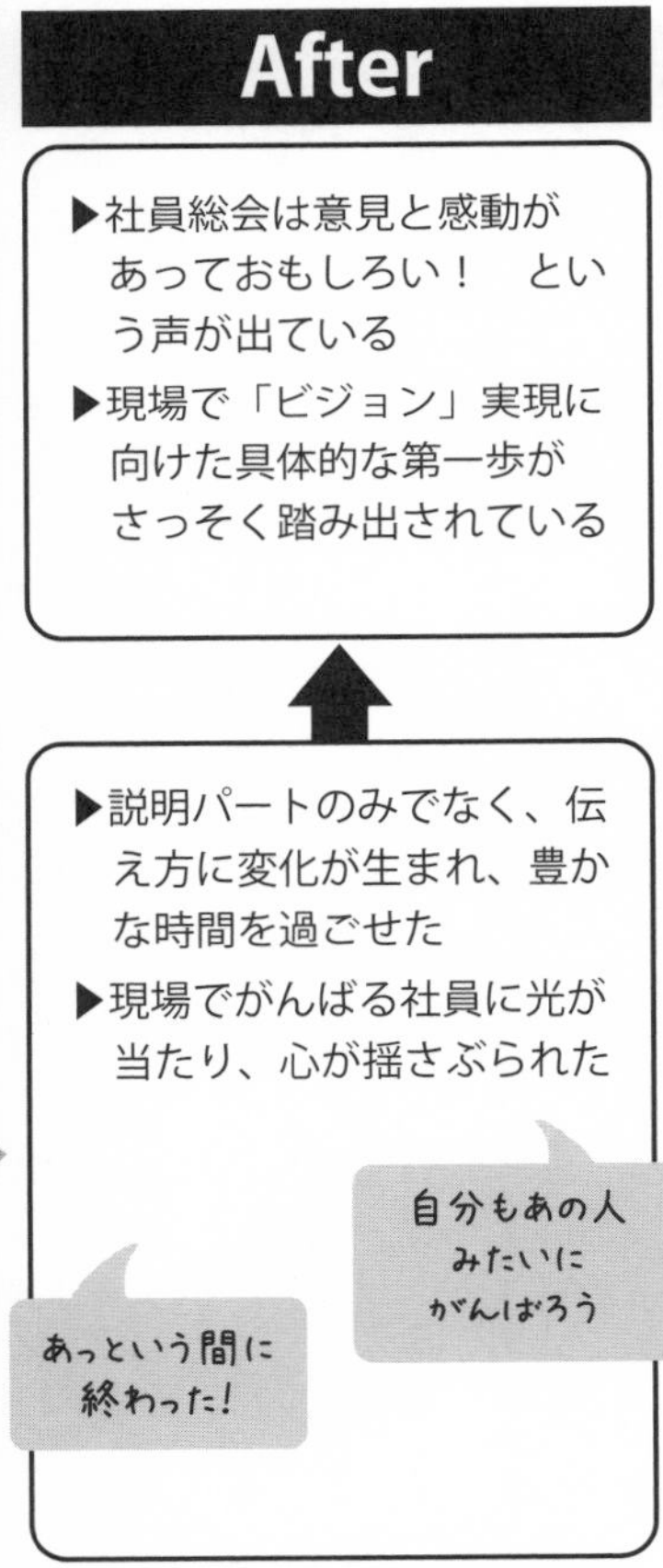

After
▶社員総会は意見と感動があっておもしろい！　という声が出ている
▶現場で「ビジョン」実現に向けた具体的な第一歩がさっそく踏み出されている
▶説明パートのみでなく、伝え方に変化が生まれ、豊かな時間を過ごせた
▶現場でがんばる社員に光が当たり、心が揺さぶられた
自分もあの人みたいにがんばろう
あっという間に終わった！

ないよう、「映像メディア」を使う
で登壇してもらう機会をつくる
ワーキングの場を設ける

Before

表層

具体的に起きている現実
参加者の実際の言動

- ▶年に一度の社員総会は振り返りと新年度の方針共有が一方的に行なわれている
- ▶経営者や役員のプレゼンが延々と続き、集中力が持たないという声がアンケートに書かれている

↓

深層

現実の背後にある感情や声

- ▶中身が単調で、正直、早く終わらないかと思う
- ▶経営のメッセージはどこか遠くて、自分に置き換えて考えづらい

毎回、同じ内容でマンネリ感あり

話を聞くだけなので、眠くなる

エッジを越えるための設計のポイント

- 新たに策定した「ビジョン」を伝えるために、一方的なプレゼンに終始し
- ビジョン実現に向け、現在進行形で奮闘している現場社員にオンライン上
- 双方向のつながりをつくるきっかけとして、オンライン上の懇親ネット

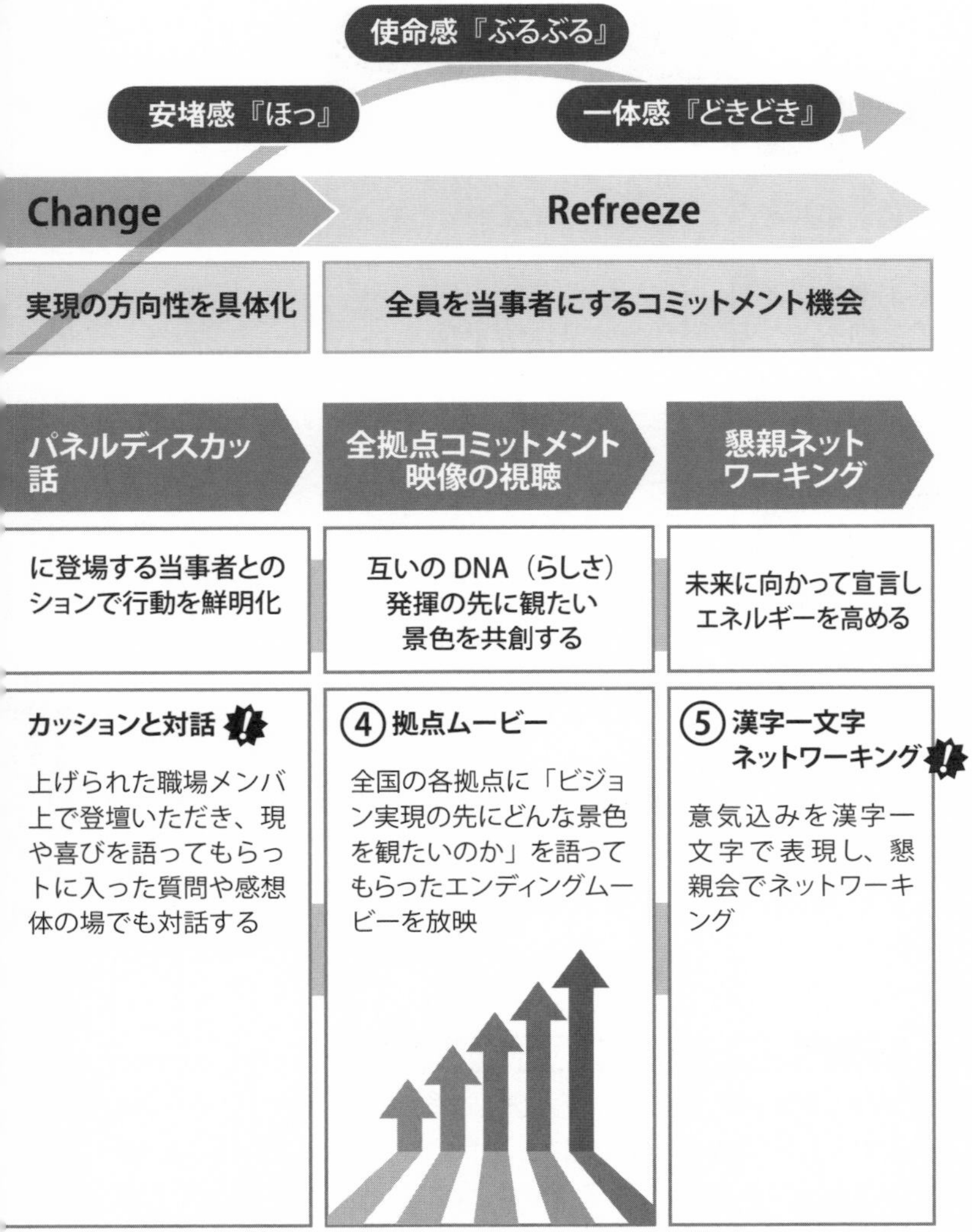
使命感『ぶるぶる』
安堵感『ほっ』
一体感『どきどき』
Change
Refreeze
実現の方向性を具体化
全員を当事者にするコミットメント機会
パネルディスカッ
話
全拠点コミットメント
映像の視聴
懇親ネット
ワーキング
に登場する当事者との
ションで行動を鮮明化
互いの DNA（らしさ）
発揮の先に観たい
景色を共創する
未来に向かって宣言し
エネルギーを高める
カッションと対話
上げられた職場メンバ
上で登壇いただき、現
や喜びを語ってもらっ
トに入った質問や感想
体の場でも対話する
④拠点ムービー
全国の各拠点に「ビジョ
ン実現の先にどんな景色
を観たいのか」を語って
もらったエンディングムー
ビーを放映
⑤漢字一文字
ネットワーキング
意気込みを漢字一
文字で表現し、懇
親会でネットワーキ
ング

エンゲージメントを高める上で外せない重要なポイント

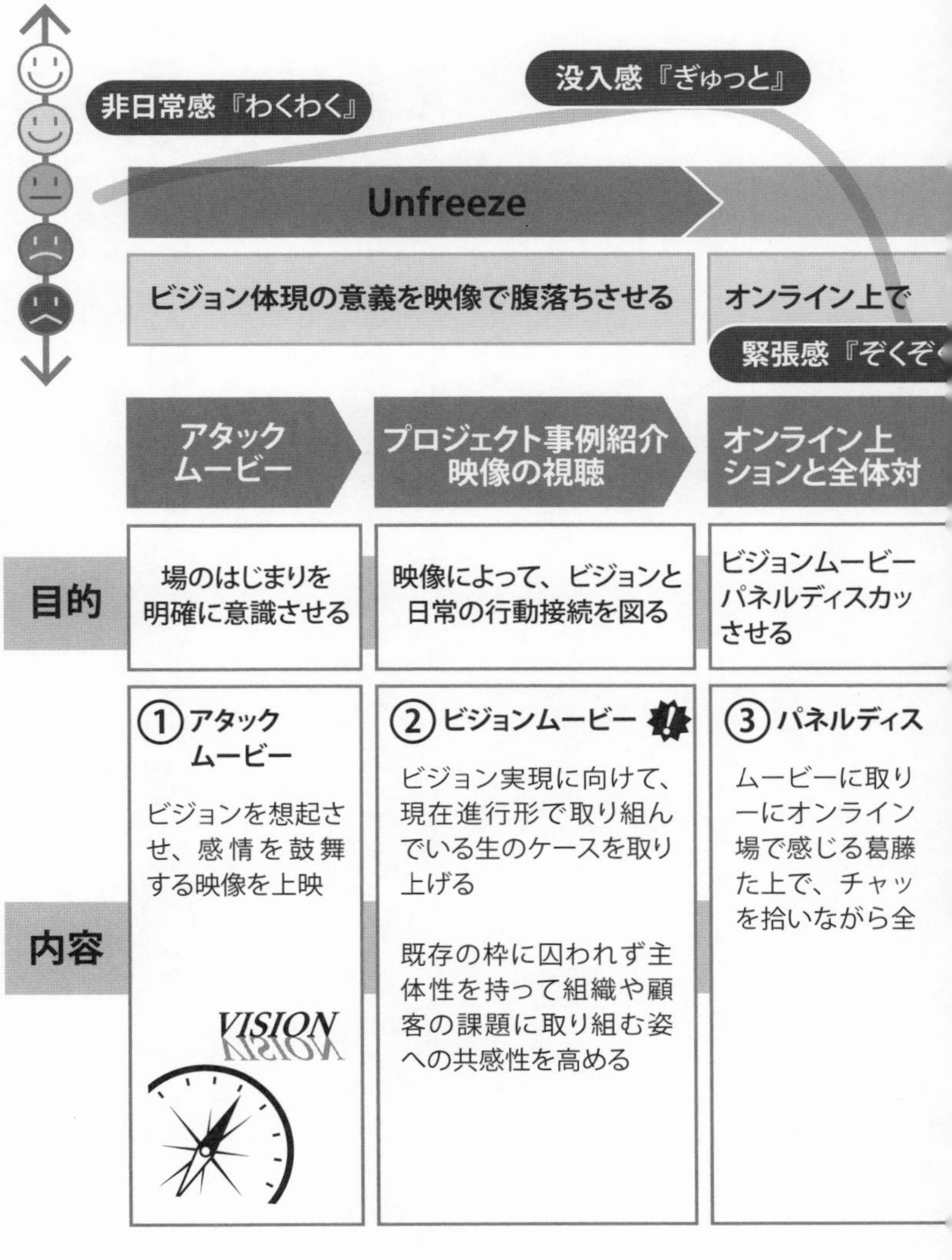

非日常感『わくわく』
没入感『ぎゅっと』
Unfreeze
ビジョン体現の意義を映像で腹落ちさせる
オンライン上で
緊張感『ぞくぞく
アタック
ムービー
プロジェクト事例紹介
映像の視聴
オンライン上
ションと全体対
目的
場のはじまりを
明確に意識させる
映像によって、ビジョンと
日常の行動接続を図る
ビジョンムービー
パネルディスカッ
させる
内容
①アタック
ムービー
ビジョンを想起させ、感情を鼓舞する映像を上映
VISION
②ビジョンムービー
ビジョン実現に向けて、現在進行形で取り組んでいる生のケースを取り上げる
既存の枠に囚われず主体性を持って組織や顧客の課題に取り組む姿への共感性を高める
③パネルディス
ムービーに取り
ーにオンライン
場で感じる葛藤
た上で、チャッ
を拾いながら全

ビジョンを自分事化するための場を開く

ここまで、再生ステージにあるF社の症例を見立て（See）、社員がオンラインで集う「社員総会」の場を最大限に活かすために「4つの箱」で企てた（Plan）例を紹介してきた。最後に、実際に場を開く（Do）際に社員のエンゲージメントを高める上で欠かせなかった3つのポイントについて事例紹介していく。

◎ビジョンムービー

新経営計画で掲げたビジョン（理想の事業像と組織像）の実現に向けて現在進行形で取り組んでいる3つの事例をドキュメンタリーで映像化。ビジョンをどのように捉えているのか、取り組みの中間成果として何が生まれたのか、顧客の実際の声も取り入れて映像化することで、ビジョンと日常を接続するための具体的な理解を深めた。

◎オンライン上でのパネルディスカッションと全体対話

ビジョンムービーに登場した皆さんにオンライン上で登壇いただき、ファシリテーターがリアルな葛藤や本音を引き出しつつ、どうやって壁を乗り越えようとしているのか？　ビジョンに向かって行動する前と今では、何が異なるのか？　等を問いかけ、参加者への理解をいっそう深めた。また、場内の参加者からもチャットで質問を受けて回答することで、ビジョンの自分事化に成功した。

◎「漢字一文字」ネットワーキング

挑　飛

繁　捨　聞

記入する一文字は、自分が今後、ビジョン実現に向けどんな意識や行動で臨むかを表現したもの。漢字を各自が付箋に記入した上で、Ｚｏｏｍのブレイクアウトルームにランダムに招待した５人ずつのメンバーで今日の総会の振り返りと共にネットワーキングしてもらう時間を20分ほど取り、仲間と一緒に決意を新たにしてもらい意欲を喚起した。

G社　金銭報酬のみで受賞者に報い、組織力が低下
表彰制度を通じた事業・組織力の強化

・創業年数：60年
・事業内容：光学機器等の製造、販売
・従業員数：1万8000名
・参加者：1200名（※成績優秀社員）。オンラインで全社員が視聴可

◎組織の状態（ストーリー）

G社は、自社製品をはじめICT（OA・通信）のコンサルティング、販売、システム構築、アフターサービスまでトータルソリューションを提供する企業である。大企業から地方の中小企業まで、地域に密着した販売網と営業力の高さに定評があり、成長を遂げて

きた。毎年の表彰式は、時期や場所、人数から受賞者のみしか集められず、表彰式に参加しない大多数の社員にはその魅力が認知されず「縁の遠い、一部の人のための表彰式」となっていた。また、２万人弱を擁する規模感から、現場で全体視点を持つことは難しく、部分最適が優先され、営業パーソンが自分のノウハウを進んで公開することは乏しく、事業・組織力の底上げにつながらない典型的な再生ステージの症例が見られた。組織内では、全社員がめざしたくなる、事業・組織力を高める「表彰式」の開催を切望していた。

◎組織に現われた再生ステージの主な症例

セクショナリズム横行症（全社）　個別最適・内部指向が強化され、全社に共有されるべきナレッジが共有されない

既決感疲弊症（現場）　過去慣性が強く、変革に対して「どうせ」という諦めと無力感がはびこっている

以上の症例を踏まえ、次項以降に、ナレッジを伝承し、事業・組織力を強化する「表彰式」のプランを紹介する。

表彰式を知恵やナレッジ伝道の場とするイベントをプランニングする

金銭報酬に偏った表彰で組織力が低下している状況を打破するために、知恵やナレッジを伝道する表彰式の場を、態度変容を企てる「4つの箱」を用いてプランニングする。

After

▶壇上にのぼりたいという声が聞かれるようになった
▶ハイパフォーマーは、自身のナレッジを伝播させ、組織を牽引するリーダーの役割を担う
▶表彰式は、成果を称えるだけでなく、成果に至るプロセスをシェアし、非受賞者のナレッジにする場

▶あのハイパフォーマーも人知れず葛藤を乗り越えるための工夫をしているんだな
▶なるほど、こんなところを工夫することが成果につながるんだ。自分も実践してみよう

立ちたいし、
せたい

受賞者の背景にある
考え方がわかった

受賞者にとっても学びの場とする

Before

表層

具体的に起きている現実
参加者の実際の言動

▶一部のハイパフォーマーが業績を牽引し、社内での二極化が進行している
▶ハイパフォーマーに自身のノウハウを伝える意識が低く、組織成果を高める風土が希薄
▶毎年の表彰式は受賞者を称えるのみの場

【エッジ】
変革を阻む
心理的な壁

深層

現実の背後にある感情や声

▶表彰式はいつも同じ顔ぶれで、代わり映えしないな
▶自分と受賞者は違う星の住人
▶表彰式で何をやっているのか知らないし、興味もない

表彰式って
お題目でしょ

正直、自分とは
関係ないな

エッジを越えるための設計のポイント

- 表彰を機能させるために、全社員を巻き込む設計とする
- 受賞者のナレッジやノウハウが現場で伝播されるインフラをつくる
- 受賞者の成果だけでなく、成果に至るプロセスに焦点を当てることで、非

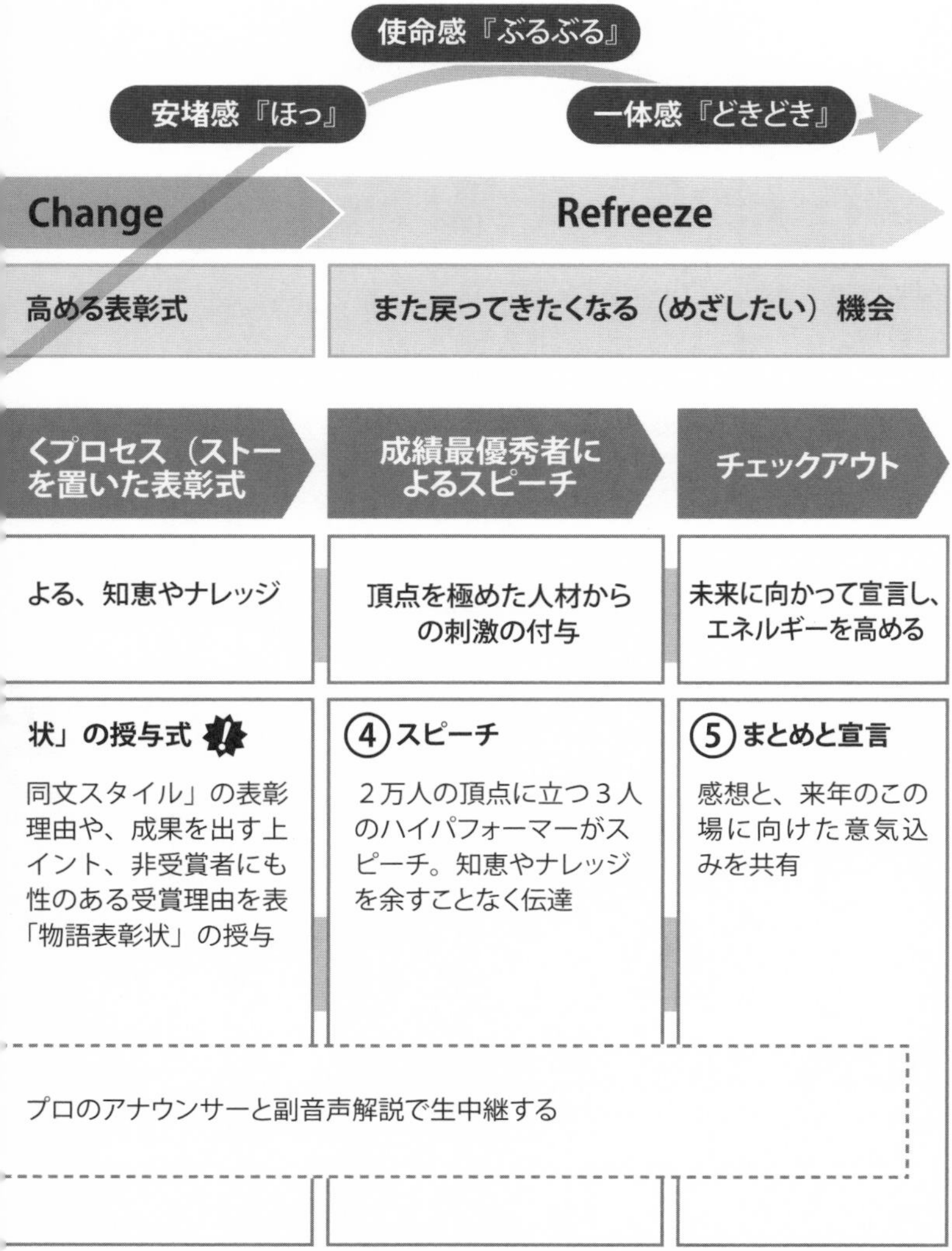
使命感『ぶるぶる』
安堵感『ほっ』
一体感『どきどき』
Change
Refreeze
高める表彰式
また戻ってきたくなる（めざしたい）機会
くプロセス（ストー
を置いた表彰式
成績最優秀者に
よるスピーチ
チェックアウト
よる、知恵やナレッジ
頂点を極めた人材から
の刺激の付与
未来に向かって宣言し、
エネルギーを高める
状」の授与式
④スピーチ
⑤まとめと宣言
同文スタイル」の表彰
理由や、成果を出す上
イント、非受賞者にも
性のある受賞理由を表
「物語表彰状」の授与
２万人の頂点に立つ３人
のハイパフォーマーがス
ピーチ。知恵やナレッジ
を余すことなく伝達
感想と、来年のこの
場に向けた意気込
みを共有
プロのアナウンサーと副音声解説で生中継する

エンゲージメントを高める上で外せない重要なポイント

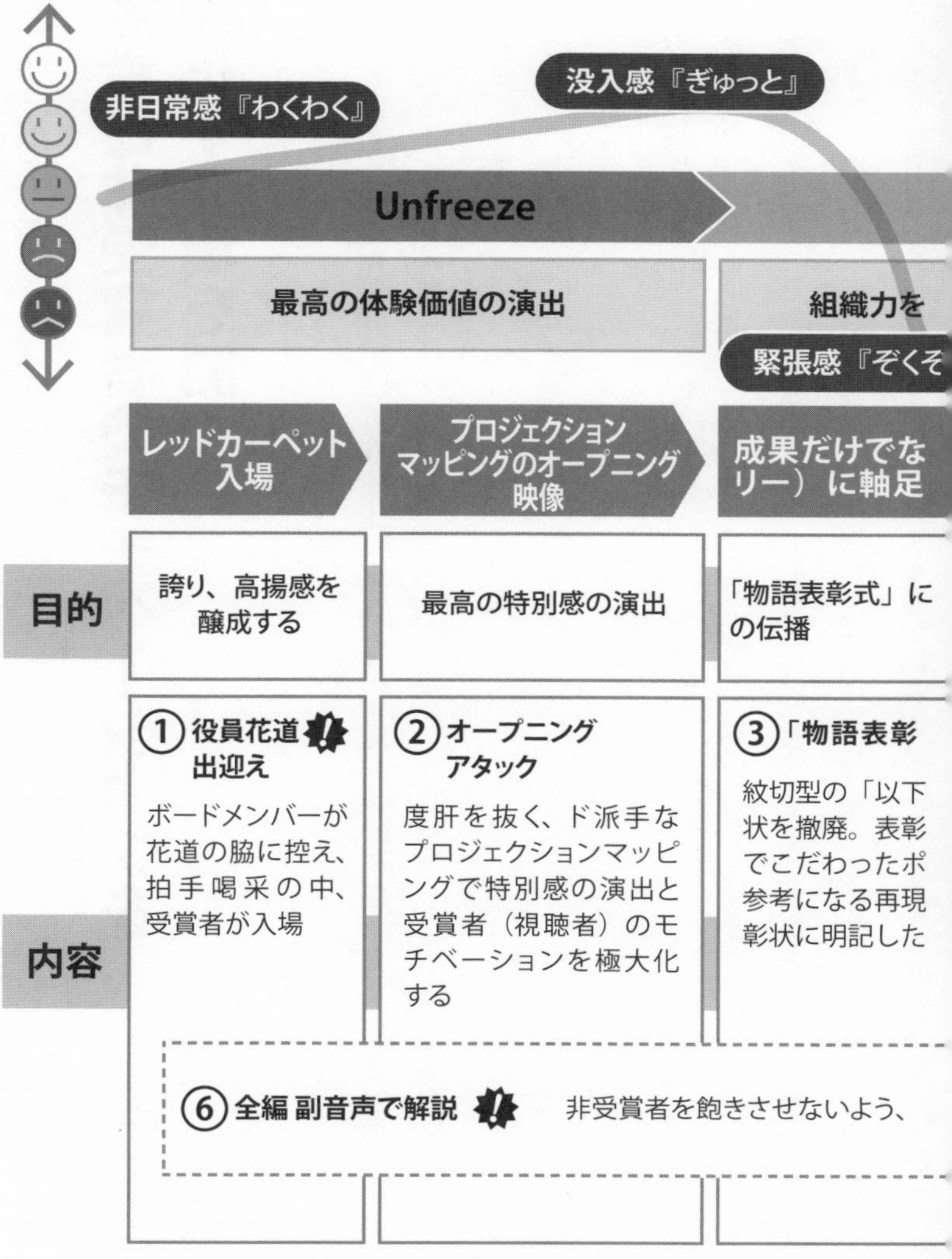

非日常感『わくわく』
没入感『ぎゅっと』
Unfreeze
最高の体験価値の演出
組織力を
緊張感『ぞくぞ
レッドカーペット
入場
プロジェクション
マッピングのオープニング
映像
成果だけでな
リー）に軸足
目的
誇り、高揚感を
醸成する
最高の特別感の演出
「物語表彰式」に
の伝播
内容
①役員花道
出迎え
ボードメンバーが
花道の脇に控え、
拍手喝采の中、
受賞者が入場
②オープニング
アタック
度肝を抜く、ド派手な
プロジェクションマッピ
ングで特別感の演出と
受賞者（視聴者）のモ
チベーションを極大化
する
③「物語表彰
紋切型の「以下
状を撤廃。表彰
でこだわったポ
参考になる再現
彰状に明記した
⑥全編 副音声で解説
非受賞者を飽きさせないよう、

受賞者と非受賞者のモチベーションを最大化する場を開く

ここまで、再生ステージにあるG社の症例を見立て（See）、ナレッジを伝承し、事業・組織力を強化する「表彰式」を「4つの箱」で企てた（Plan）例を紹介してきた。最後に、実際に場を開く（Do）際に、社員のエンゲージメントを高める上で欠かせなかった3つのポイントについて紹介していく。

◎役員花道出迎え

表彰式会場は、1000人以上収容できる国内有数の伝統と格式あるホテル。入口までの導線に50メートルのレッドカーペットを敷きつめ、花道の両サイドには、役員がお出迎えに立ち、拍手喝采の中、受賞者は伴侶と子供同伴で歩く。小学生のお子さんを連れて花道を歩く受賞者の表情は、本当に、にこやかで晴れがましい一世一代の場となった。

◎「物語表彰状」の授与式

成果を称えるだけの場ではなく、プロセスを伝えることが社員と組織の成長を実現すると捉え、受賞者を最も知る上司に事前に集合してもらい、どんなターニングポイントがあり、どう乗り越えて成果を生み出したのか、他者にとっても学びになる物語に昇華した表彰状を記入いただき、当日の場で授与した。喜びと学びの両方がギフトとして全員に与えられる機会になった。

◎副音声で解説

「表彰式に参加しない大多数の社員に、魅力が認知されない課題」を解決するため、会場近くにスタジオを設置し、会場内と中継を結び、全社にネット中継。副音声でプロのアナウンサーとコンサルタントの2人で見ている人たちを飽きさせない軽妙な進行と、現場で役立てて欲しい実践的な観点の提供を行ない、会場の熱気と魅力を余すことなく伝えることに成功した。

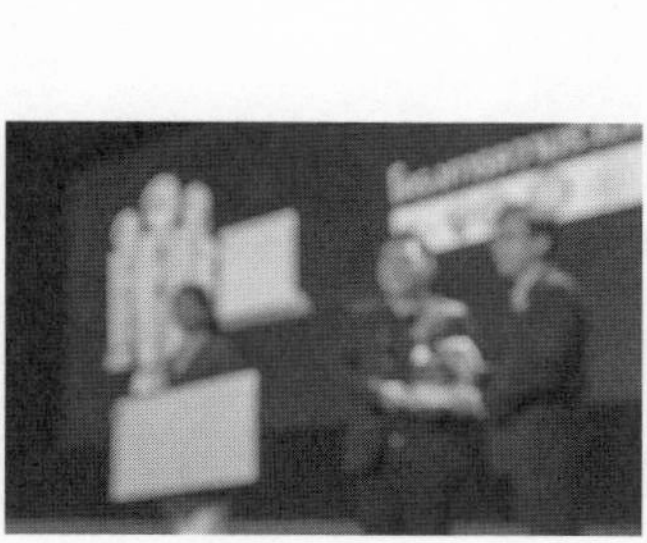

Ｈ社　急拡大、拠点展開による全社の一体感欠如

人と組織を称える文化を止めない

・創業年数：15年
・事業内容：バイオ技術を活用した食品、化粧品、飼料、燃料等の開発と販売
・従業員数：３００名
・参加者：３００名（※全社員）

◎組織の状態（ストーリー）

Ｈ社は、大学の研究室から生まれたバイオベンチャー企業。創業当初からの企業提携により磨いた独自の基幹技術を軸に、食品、化粧品、燃料開発等、幅広い業容で展開し、健康・美容志向の追い風も受けて短期間で拡大を遂げてきた。国内のみならず、海外にも展

開。地域の企業を完全子会社化するなど積極的に拠点を増やしてきた。反面、創業当初の全体の〝一枚岩〟的な感覚は薄れ、事業や地域、職種や階層毎にカルチャーがつくられ、経営と現場の心理的距離が広がるなど典型的な多角ステージの症例が見られた。そのため、創業時から大切にしている人と組織を称える文化の象徴として、年に一度の表彰式の場を全社的な一体感を醸成できる場として期待していたが、コロナ禍で集合できなくなり、その開催が危ぶまれていた。

◎組織に現われた多角ステージの主な症例

アイデンティティ喪失症（全社）　事業、地域、職場、職種が細分化、自社の共通の価値観に欠乏感が生じる

全社視点欠落症（現場）　連携意識が薄れ、自部門の利益を優先、全社視点の欠落がさまざまな障害を招く

以上の症例を踏まえ、次項以降に、「表彰式」をオンラインで実施する場のプランを紹介する。

表彰式・オンライン編【企てる（Ｐｌａｎ）】

自拠点だけでなく、全員を称えるイベントをプランニングする

急拡大、拠点展開により全社の一体感が欠如している状況を打破すべく、自拠点だけでなく全員を称える場を、態度変容を企てる「４つの箱」を用いてプランニングする。

After

▶主語がＨ社になっており、未来に可能性を感じている
▶表彰式の場を通じて他拠点の仕事や工夫を知り、自分の仕事のヒントにもつながっている

▶全社プレゼンも双方向感があってわかりやすい
▶他拠点の人もこんな工夫をして挑戦しているんだな
▶オンラインなのに参画できておもしろい

あの場に立ちたいし、立たせたい

受賞者の背景にある考え方がわかった

込みながら伝えていく
ンバーへの興味関心を喚起する
場の設計にする

Before

表層

具体的に起きている現実
参加者の実際の言動

- ▶各自がそれぞれの持ち場で最善を尽くしているが、主語が「拠点」であり、「全社」になっていない
- ▶他拠点や他事業のことを知る機会に乏しく、全社の可能性を知らない

深層

現実の背後にある感情や声

- ▶全社のプレゼンって、どうも距離感がある
- ▶他拠点の人の表彰は、わからないのでつまらない
- ▶オンラインでの表彰式って一方的でつまらなそう

表彰式ってお題目でしょ

全社視点を持てとか言われても、正直困る

エッジを越えるための設計のポイント

- 全社についての方針発表は、従来の一方通行型ではなく、双方向で巻き
- 成果だけではなく、仕事紹介やナレッジを表彰状で明らかにし、他拠点メ
- 人と組織を称える文化を加速するためにも「称える」を形にする表彰の

安堵感『ほっ』
使命感『ぶるぶる』
一体感『どきどき』

Change	Refreeze	
表彰式	人と組織を称える場への参画	
く他拠点紹介や人た表彰式	受賞者によるスピーチとお祝いコメント	画面ハイタッチ
みや仕事の紹介にもつ	受賞者スピーチとコメント記入	全員で画面ハイタッチ
の授与式 ンバーだけが盛り上が他拠点メンバーにも興もらえるような文脈づ 賞者の働く拠点や仕事から遠隔で表彰状を授	**④受賞者スピーチと全員からのお祝いコメント** (!) 受賞者がスピーチしている画面に、リアルタイムにコメントを書き込める機能を活用し、人と組織を称える文化を体現する機会をつくる	**⑤画面ハイタッチ** 最後だけ全員ミュートを解除し、大音量の中で画面ハイタッチし、ピークエンドをつくる

(!) エンゲージメントを高める上で外せない重要なポイント

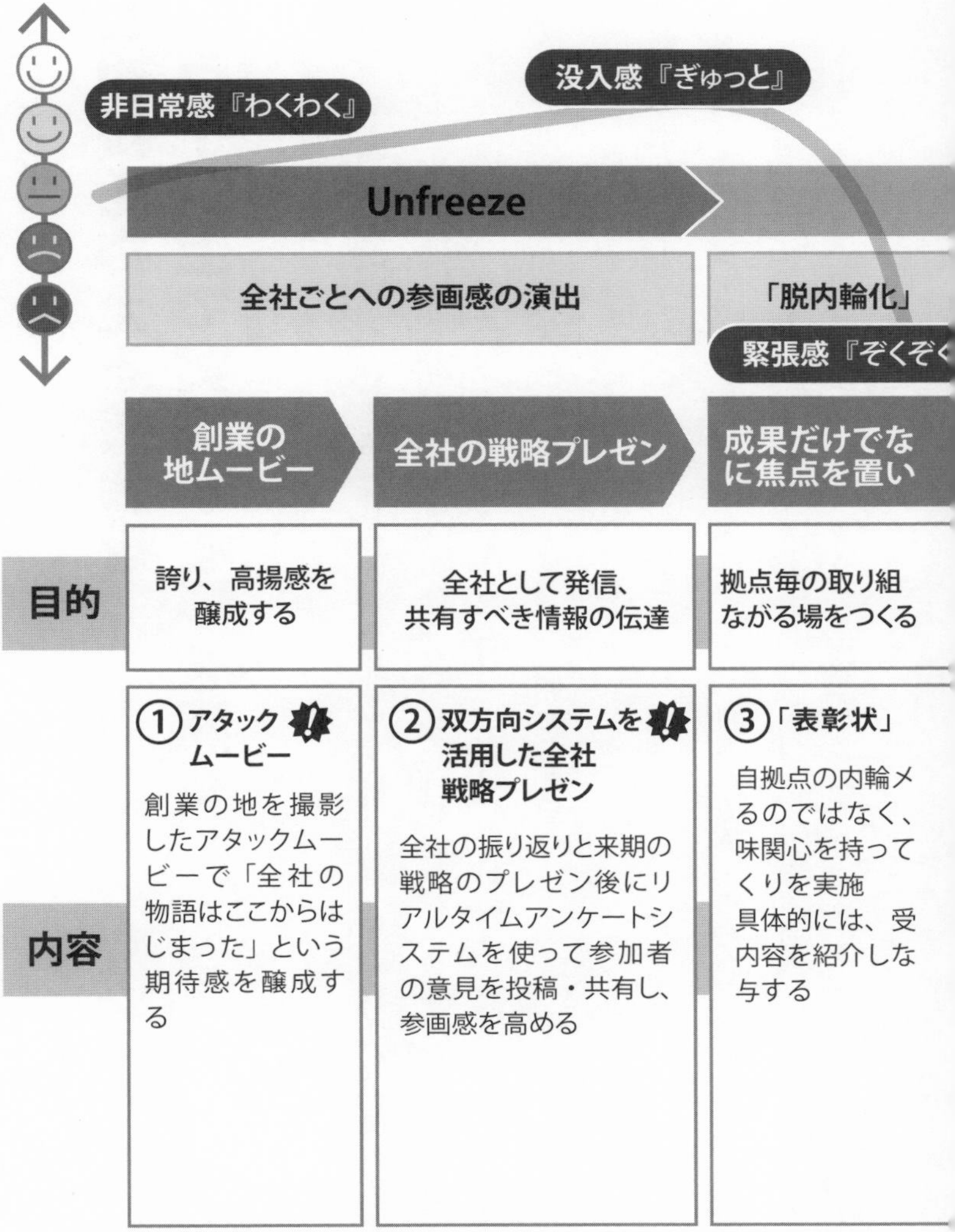
没入感『ぎゅっと』
非日常感『わくわく』
Unfreeze
全社ごとへの参画感の演出
「脱内輪化」
緊張感『ぞくぞく
創業の地ムービー
全社の戦略プレゼン
成果だけでな
に焦点を置い
目的
誇り、高揚感を醸成する
全社として発信、共有すべき情報の伝達
拠点毎の取り組
ながる場をつくる
内容
①アタックムービー
創業の地を撮影したアタックムービーで「全社の物語はここからはじまった」という期待感を醸成する
②双方向システムを活用した全社戦略プレゼン
全社の振り返りと来期の戦略のプレゼン後にリアルタイムアンケートシステムを使って参加者の意見を投稿・共有し、参画感を高める
③「表彰状」
自拠点の内輪メ
るのではなく、
味関心を持って
くりを実施
具体的には、受
内容を紹介しな
与する

表彰式・オンライン編【開く（Ｄｏ）】

人と組織を称える機会をオンライン上で実現する場を開く

ここまで、多角ステージにあるＨ社の症例を見立て（Ｓｅｅ）、オンラインの場でナレッジを伝承し、事業・組織力を強化する「表彰式」を「４つの箱」で企てた（Ｐｌａｎ）例を紹介してきた。最後に、実際に場を開く（Ｄｏ）際に、社員のエンゲージメントを高める上で欠かせなかった３つのポイントについて紹介していく。

◎創業の地ムービー

Ｈ社は、大学の研究室の一角からスタートした。創業の地というのは、はじまりの源泉であり、会社にとって伝説の象徴でもある。ここからすべての物語がはじまり、今の流れがあるということを視覚的かつエモーショナルに短い時間で訴えるオープニングムービーで、参加者の心をひとつにした。

◎双方向システムを活用した全社戦略プレゼン

全社の商況の振り返りや来季の戦略・方針の発表を一方的な共有で終わりにするのではなく、リアルタイムアンケートシステム「respon」（https://respon.jp/）を活用して、プレゼンのどの項目に期待をしたか？　もっと聞いてみたいと思ったか？　などのアンケートを取り、その結果を画面で共有。全員の興味のある箇所を補足したり疑問を解消するなど、双方向感を醸成した。

◎受賞者スピーチと全員からのお祝いコメント

受賞者自身と表彰状を画面表示し、社長から読み上げてもらうと同時に、インタラクティブなプレゼンテーションツール「Coment Screen」（https://commentscreen.com/）を使用し、発表中に観客のリアクションを絵文字やコメントで投稿。スクリーンにリアルタイムで流れることで、参画感を醸成できた。

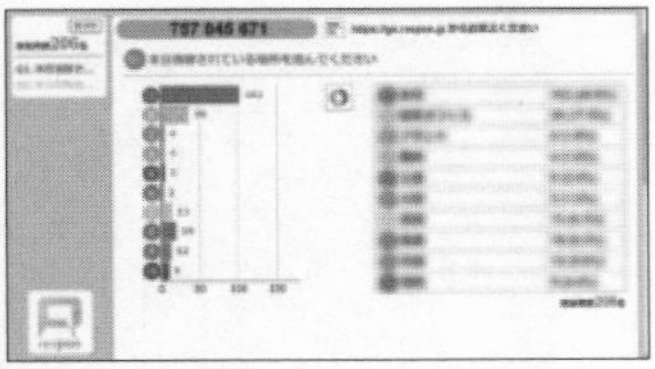

ショートコラム 4

ドレスコードで一体感を醸成しよう!

イベントで、事前にドレスコードを指定する場合があります。たとえば、「当日はピンクを身にまとって来てください」など。すると、イベントがはじまる前から、「服装を考えるというイベント」がはじまります。そして当日、席に着くと、「ピンクをどう工夫して取り入れたか」といった会話が自然に交わされ、ある種の一体感がつくられる効用があります。

以前、あるイベントで参加者の皆さんに自然体で来てほしいという意図で、「ナチュラルコーデ」がコードに指定されました。私もわくわくし、思いきって白いジャケットを購入(写真中央)。一緒に豊かな場をつくった、愛すべきメンバーと集合写真を撮りました。言うまでもなく、イベントの温度感は高まりました。

第５章

すぐに使える！
場づくり
鉄板ツールBOX

場づくりで強力な武器となるのが、本章で紹介するたくさんの「ツール」。Unfreezeでは緊張を解き、参画意欲を高めるアイスブレイクを。Changeでは感情を揺さぶり変化を呼び起こす対話を。Refreezeでは変革を定着させるために現場の葛藤と向き合う瞬間を。手順、時間、解説例にファシリテーターメモ。アレンジ可能な全15種類であなたの場をよりクリエイティブに。

Tool.1

緊張を解き、参画意欲を高めるアイスブレイク

「サイコロ・トーク」で相互理解を深める

狙い：楽しみながら、チームメンバーの相互理解を深めたい
推奨人数：1グループ4～6人程度、全体の上限人数なし
準備物：サイコロお題スライド、サイコロメーカー
所要時間：20分程度

◎オープニング

「さぁ、ここからはグループに分かれて、チェックインしていただきます。今回はオンライン上でも振れるサイコロメーカーを使って、サイコロを転がして出た目のお題に沿って、ひとりずつ簡単に自己紹介していただきます」

◎ボディ

「まずは、こちらのサイコロメーカーを開いてください」

https://stopwatchtimer.yokochou.com/saikoro-maker.html

「ＳＨＡＫＥボタンを押すとサイコロが勢いよく回転するので、画面共有しながら、順番に振ってくださいね。そして、出目に対応するお題は、こちらです。ジャーン！」

「コツは、どんな目が出ても思いつきで構わないので、話しはじめること。『６』には、なんと『すべらない話』がお題になっていて、相当どきどきしますが（笑）、ぜひ、楽しみながら振って回していってくださいね」

「ひとり３分、全体で20分取ります。では、はじめてください！」

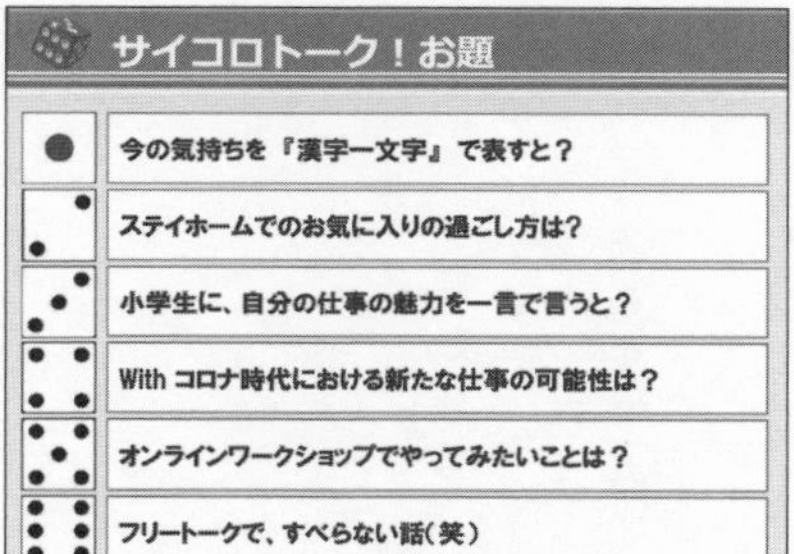

●	今の気持ちを『漢字一文字』で表すと？
● ●	ステイホームでのお気に入りの過ごし方は？
● ● ●	小学生に、自分の仕事の魅力を一言で言うと？
● ● ● ●	Withコロナ時代における新たな仕事の可能性は？
● ● ● ● ●	オンラインワークショップでやってみたいことは？
● ● ● ● ● ●	フリートークで、すべらない話（笑）

◎クロージング

「いかがでしたか！　サイコロの目が繰り出す偶発性を楽しみながら、お互いのことがより深く知れる機会になったのではないでしょうか?」

ファシリテーターメモ

Zoomでブレイクアウトルームに招待され、グループでの対話がはじまるとき、何から会話をはじめたらいいか、そわそわした経験はないだろうか? 「サイコロ・トーク」は、オンライン上でサイコロを振ることができるというリアルな手触り感の演出と、6の出目(すべらない話)のような、いわゆるジョーカー・クエスチョンを仕込むことで、どきどきしながらチェックインできる手法。大変盛り上がるので、お勧め。ゲームのインストラクション時にファシリテーターがサイコロを画面共有で転がし、出た目で自己紹介をしてみる(ファシリテーターが最初に自己開示する)ことも、場の心理的安全性を築く上で有効。

【Unfreeze】
オンライン編

Tool.2

緊張を解き、参画意欲を高めるアイスブレイク

「ワードウルフ」で緊張緩和と対話の素地をつくる

狙い：対話をはじめる前に、話を聴く・質問することの大切さを伝えたい
推奨人数：１グループ４～６人程度。全体の上限人数なし
準備物：Ｚｏｏｍ等の会議システム、ＬＩＮＥ等の個人へのアクセスツール、ルール説明スライド
所要時間：15分程度

◎オープニング

「ここからはグループに分かれて、チェックインします。今回は『ワードウルフ』と呼ばれる簡単な心理ゲームをします。ワードウルフは、事前に与えられたお題について話し合

う中で、みんなとは異なるお題を与えられた少数派の人（ウルフ）を探し出すゲームです。相手の話をよく聞き、質問し合うことが成功の鍵です」

◎ボディ

「皆さんのＬＩＮＥにお題が送られているので確認してみてください。このお題が何なのか、お題そのものを口にすることはＮＧですが、お題について話題にしながらグループの中でひとりだけ違うお題が与えられている人、ウルフ（狼）を探し出すゲームです」

「黙っているとウルフ（狼）がわからないので、お互いに質問し合いながら見つけましょう！」

◎クロージング

「いかがでしたか！　ウルフ（狼）を見つけることはできましたか？　よく聞いて、問いかけないと、見つけることは難しかったと思います。ぜひ、ここからの時間もお互いの話をよく聞き、よく質問する、対話の時間をつくっていきましょう！」

ワードウルフ　ルール説明

- 各人に「お題」が与えられます
  ※例：カレーなど
- グループの中に1人だけ、違う「お題」の人がいます
  ※例：1人だけラーメンで他全員はカレーなど

【トークタイム】

- 3分間自由に話し、誰が違うお題か（ウルフか）推理してください。お題そのものを言うのはNGです

【ウルフ（狼）は誰だ！】

- 終了後、誰がウルフか、チャットで送信して下さい

ファシリテーターメモ

ワードウルフを見つける過程で、お互いの心理的な駆け引きも発生するので、どきどきしながら楽しむことができるアイスブレイク。また、具体性や深さが伴うするどい質問を繰り出さないと、ウルフとその他全員の差異を明らかにすることができないため、参加者に問いかけることの大切さと質問の力を体感的、かつ直感的に理解してもらうことができる。オンラインの場でも、対話をはじめる前のグループの「地ならし」に使用できる、使い勝手のいいツール。

Tool.3 緊張を解き、参画意欲を高めるアイスブレイク

「今年（今期）の漢字」で1年の計を立てる

狙い：新年（期初）のキックオフでチームの連帯感をつくりたい
推奨人数：1グループ4～6人程度。全体の上限人数なし
準備物：付箋、マジック
所要時間：20分程度

◎オープニング

「みなさん、今年（あるいは、今期）もよろしくお願いします。さっそくチェックインしましょう。今年（期）をどんな年（期）にしたいか、意気込み、期待、願いを漢字一文字で手元の付箋に記入してください」

◎ボディ

「記入が終わったら、ブレイクアウトルームにグループの4～6人で招待します。お互いに付箋に書いた漢字をカメラで見せながら順番に共有してください。共有の際は漢字だけでなく、ぜひ、そこに込めた意図、想いもシェアしてくださいね。では、いってらっしゃーい」

（参加者）「私は『倍』と書きました。去年の2倍、ビジネスもプライベートも成長できるように、という願いを込めています」

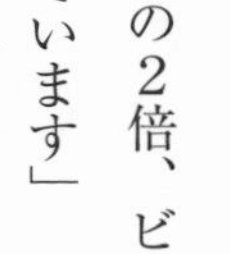

（拍手、以下グループ人数分実施）

「いかがでしたか？　今年はこんな年にしたい！　という願いがたくさん出ていましたね。最後にもうひとつだけ、みんなで挑戦したいことがあります。今、共有した一人ひとりの漢字をつなげて、グループで何らかのストーリーをつくってください。できたチームから発表をしてもらいます」

（参加者）「私たちは6人で共有して、こんな順番のストーリーになりました。まず『始』めに、やることを『絞』って、『次』に決めたことをまっ『直』ぐに取り組むことで、成果は『倍』になり、最後に勝って『虎』のように誇り高き、偉大な存在のチームになる！」

◎クロージング

「漢字一文字をチームでつなげて、本当に豊かなストーリーが出てきましたね。今年もチームのみんなで最高の1年をつくって行きましょう！」

ファシリテーターメモ

漢字一文字の共有だけでも盛り上がるが、つなげてストーリーをつくるとさらに盛り上がる。グループで小さな成功体験を持てるとチームビルディングの機会にもなる。

【Unfreeze】
リアル編

Tool.4　緊張を解き、参画意欲を高めるアイスブレイク

「ダンスワーク」で共に場をつくる喜びを知る

狙い：共につくるコラボレーションやコ・クリエイションの重要性を短い時間で伝えたい、会場の双方向性、盛況感を出したい
推奨人数：ペアワークで実施。会場全体の上限人数なし
準備物：必要なし
レイアウト：机、椅子を挟まず２人で向き合って立つことのできるフリースペース
所要時間：10分程度

◎オープニング

「さっそくですが、身体を動かすダンスをしていきたいと思います。びっくりされたかも

しれませんが、ちゃんと説明して、みんなでやるので安心してくださいね。まず立ち上がって、2人組のペアをつくってください。そうしたら、じゃんけんをして勝った人がリーダー。負けた人がフォロワーになります。次に向かい合って立ってください。相手に触れないように、でも手を伸ばせば届く位置まで近づいてください」

◎ボディ

「さぁ、準備が整いました。これから1ラウンド1分間、計3ラウンドのダンスタイム。まず、リーダーは、どんな動きでもいいので今から1分間、動いてみてください。フォロワーは、リーダーと同じ動きをし続けます。では、ダンスタイムスタート！　1分経ったら役割交代です。2ラウンド目でリーダーは、フォロワーに。フォロワーは、リーダーに。ぜひ、さっきよりダイナミックな動きをしてみてください。最後の3ラウンド目は、お互いがリーダーであり、フォロワーです。共につくり出す動きをしてみてください。さぁどうぞ！」

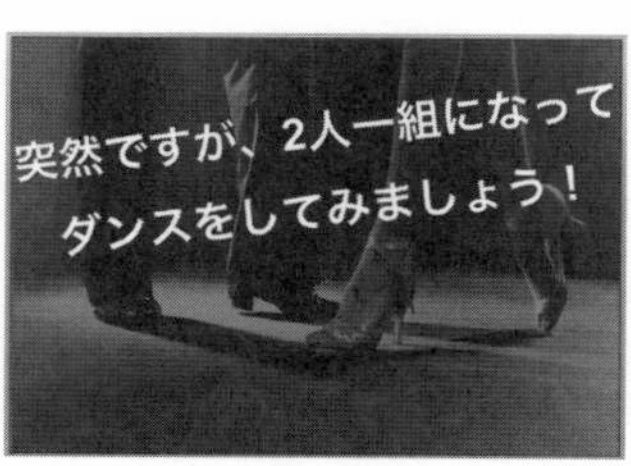
突然ですが、2人一組になって
ダンスをしてみましょう！

「いかがでしたでしょうか？　3ラウンド終えてみてどんな気づきがありましたか？　ペ

アで感想を共有してみてください」
（その後、数組のペアにダンスの体験で感じた気づきや感想を全体の場でシェアしてもらう。1～3ラウンドの中で役割を変えて関わることで感じた気づきをシェアしてもらうとよい）

◎クロージング

「いろんな気づきがありましたが、3ラウンド目の難しさや面白さへの声が出ていましたね。ぜひ、3ラウンド目の『共にダンスをつくり出す感覚』を大事にしてください」

ファシリテーターメモ

ダンスといっても難易度は高くないので、すぐにできて盛り上がる鉄板ワーク。よく聞かれるのが、「1、2ラウンドの片方がリーダーのときは、指示通りに動いたり、動かすだけで簡単だが、双方つまらない。互いがリーダーでありフォロワーの3ラウンドは、思ってもみなかった動きが起こり、難しくもあるが、面白い」という声。短い時間で互いに何かをつくり出す、生み出すダイナミックなプロセスを体験できる。

Tool.5 緊張を解き、参画意欲を高めるアイスブレイク

「国旗ワーク」でコラボレーションの難しさと可能性に気づく

狙い：部門統合直後のキックオフなどで連携、共創の重要性を伝えたい
推奨人数：国旗数の197ヶ国分（つまり上限197人以内なら何人でも可能）
準備物：国旗カード（幼児教育教材として複数の出版社から市販されている）
レイアウト：会場中央に机と国旗カードを置き、それを囲むように円座をつくる
所要時間：30分程度

◎オープニング

「さぁ、みなさん。今日から旧A部門、旧B部門が統合され、新体制となります。大事なことは、みんなで同じ未来をつくる共創意識を持つことです。国にたとえるなら、異なる

国が統合し、互いの強みや文化を融合してまったく新しい国をつくるということです。なので、少し実践してみましょう」

◎ボディ

「目の前に、地球儀とその周りに国連加盟国193ヶ国＋日本が承認している4つの独立国を足して197ヶ国分の国旗が置かれています。世界にはこんなにも多くの国があるんですね。裏面には、その国のプロフィール、通貨単位や公用語、独自の文化や資源、特産品、世界遺産やランドマーク等の情報が書いてあります」

「今からひとり1枚、気になる国旗カードを取ってその国のプロフィールを読み、どんな国なのかインプットしてもらいます。その後、近くで3人組をつくり、3つの国がもしも合併したら、どんな国になるか、新たな国の名前と新しい国のプロフィールを話し合い、全体でシェアしてもらいます。では、はじめてください！」

◎クロージング

「新しい、ユニークな国がたくさん、生まれましたね！　まさか、あの国とこの国が統合するなんて、というサプライズもありましたし、それぞれの国のよいところを活かし合うと、おもしろい文化や特産品も生まれるというアイデアも画期的でした」

「国が統合するという突拍子もないことを考えるワークでしたが、新しい可能性、未来を共につくるわくわく感を少しでも味わってもらえたのであれば、最高です。私たちも昨年までは、ひとつの国（部門）に統合されるなんて、夢にも思わなかったですよね。でも、お互いの違いで分断するのではなく、その違いを活かして未来をつくる、全員で新しい国をつくっていきましょう！」

ファシリテーターメモ

もし、あの国とこの国が統合したらどんな国になるだろうと考えるのはおもしろいし、盛り上がる。難易度を下げるのであれば、3人（3国）の統合ではなく、ペア（2国）で考えるのもよし。このワークの後に必ず、リアルな各部門の強みを実務レベルで共有したり、今後の融合プランを検討することをお忘れなく。

【Change】
オンライン編

Tool.6 感情を揺さぶり変化を呼び起こす

「オンライン　焚き火ダイアログ」で対話する

狙い：面と向かっては話しにくい感情を伴う対話をしたい
推奨人数：１グループ４～６人。上限人数なし
準備物：Ｚｏｏｍ等の会議システム、４Ｋで撮影された焚き火映像（You Tube等で視聴可）
所要時間：60分程度

◎オープニング

「今、私たちのチーム（職場）には、変化が求められています。変わるためには、今、私たちはどこに立っているのか、まずは現在地を確認することが最優先事項です。そのため

に、２つのテーマで皆さんと思いを分かち合っていきます。ひとつは「プラウド」（このチームで働いていて誇りに思うこと）、もうひとつは「ソーリー」（このチームで働いていて残念に思うこと）です」

◎ボディ

「さぁここからは、お互いが本音で話せる時間にします。Ｚｏｏｍのカメラをオフにして、音声はいつでも出せるようにミュート機能を解除してください」

「そして、部屋の明かりを消して、４Ｋで撮影されたこの焚き火映像を見てください。暗闇で火が弾ける音を聞きながら鮮明な焚き火映像を見ていると、不思議なことに、リアルに焚き火を囲んで対話している気分になってきたのではないでしょうか？　では、誰からでも構わないので、チームのプラウドとソーリーを話してみましょう……」

◎クロージング

「いかがでしたか？　火のはぜる音と共に、このチームの誇りや残念なところ、本当にたくさんの私たちの『今』が現われましたね。誇りはぜひ、これからの変化においても忘れずに、大切に。残念に思うこともせっかく出してもらったので、これからきちんと向き合って、全員で解決していきましょう」

ファシリテーターメモ

視覚と聴覚を最大限に刺激するというひと工夫をするだけで、面と向かっては言いにくいことを、オンライン上でも（むしろオンライン上のほうが）じっくり話すことができる。進行の際に、電気を消す、顔の見える画面を消す、音声ミュートは解除するなど、システム的な指示やフォローを徹底すること。もちろん、この場は誰が言ったかを探るような場ではなく、安心・安全な場であるという文脈を事前につくっておく必要があることは言うまでもない。

Tool.7

感情を揺さぶり変化を呼び起こす

「5P チェンジ」で思考の壁を突破する

狙い：抱える問題を異なる角度から捉え直し、アイデアを創発したい
推奨人数：1グループ4～6人。上限人数なし
準備物：Ｚｏｏｍ等の会議システム、5Pの説明スライド
所要時間：30分～60分

◎オープニング

「ここからは、今、私たちが直面している問題をさまざまな角度から捉え直し、問題の解きほぐしをしたいと思います。問題は、あるひとつの角度や距離から捉えると、私たちを悩ませる大問題かもしれませんが、別の立場や異なる次元から捉えると、問題でなくなり、

むしろチャンスになることも多々あります。そこで紹介したいフレームワークに『５Ｐチェンジ』があります」

◎ボディ

「５Ｐは、『目的』『立場』『期間』『ポジティブ』『痛み』それぞれの英語の頭文字です。今いる場所から捉え方を変えてみるという意図で、『５Ｐチェンジ』と名づけました」

「図にあるように、問題を『目的』に立ち返って俯瞰してみると、取るに足らない小さなことになるかもしれないし、反対の『立場』から眺めてみたらチャンスになったり、『期間』の時間軸を短くしたり長くしたりすると、捉え方が変わってくることもあります。自分のいつもの視点にこだわりすぎず、さまざまな視点を持つことが大切です」

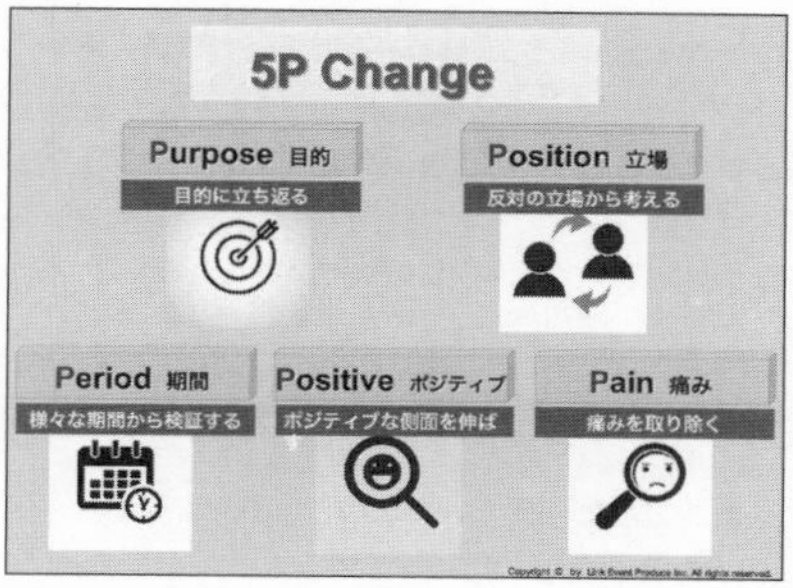

「この後皆さんをブレイクアウトルームに招待します。そうしたら、①チームの皆さんと簡単に自己紹介をし、各自が抱えている問題を共有し、対話で扱う問題を決めてください。②次にその問題に対して、当事者が実際に困っていることを話し、③５つの異なる視点ご

とに検証、問いかけをしてみてください。④最後に最も探求したい問いかけについてのアイデアを出してください。では、やってみましょう！」

◎クロージング

「いかがでしたか？　かつてアインシュタインは『あらゆる問題は、それが発生したのと同じ次元では解決できない』という格言を残しました。これは、問題と同じ次元にいても最善策は見出せないということです。さまざまな次元、角度、距離感で観る。ときに、鳥の目のように遥か上空から俯瞰する。虫の目のように、対象物に近づく。水の中を縦横無尽に泳ぐ魚の目ように、あらゆる角度から、立場、役割を変えて見る。このように視点が変われば、捉え方が変わり、思考の行き詰まりを突破できる可能性が高まるんですね」

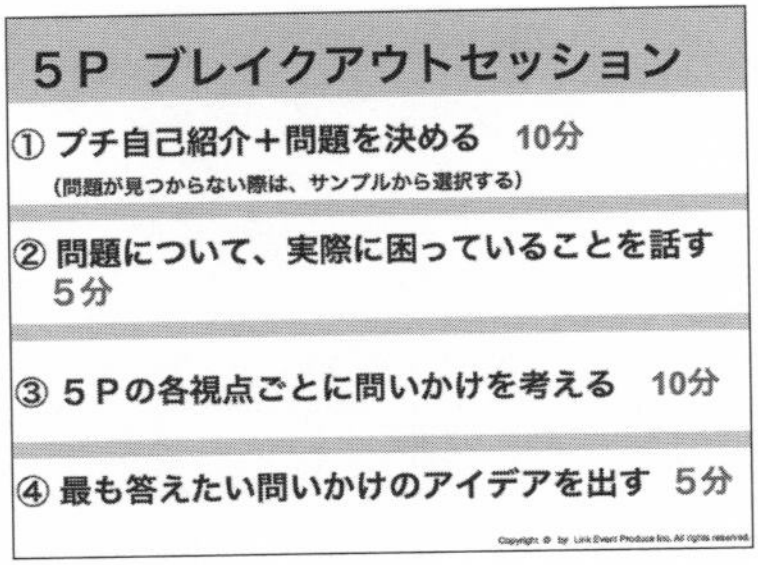
5P　ブレイクアウトセッション
① プチ自己紹介＋問題を決める　10分
(問題が見つからない際は、サンプルから選択する)
② 問題について、実際に困っていることを話す
5分
③ 5Pの各視点ごとに問いかけを考える　10分
④ 最も答えたい問いかけのアイデアを出す　5分
Copyright © by Link Event Produce Inc. All rights reserved.

ファシリテーターメモ

５Ｐは、対話の発散でも収束でもどんなシーンでも使える、ユーティリティ性の高いオリジナルのフレームワーク。オンラインでは、Ｚｏｏｍのブレイクアウトルームのように講師やファシリテーターの目が行き届きにくい、ある意味、閉鎖空間で参加者に対話の行く末を委ねる側面もあるため、思考が行き詰まった際に突破できる観点を付与することは有効。「この問いで対話してください」ではなく、「５Ｐを使って、問いをさまざまな角度から検証してみてください」のほうが豊かな対話へ誘うことができるはず。

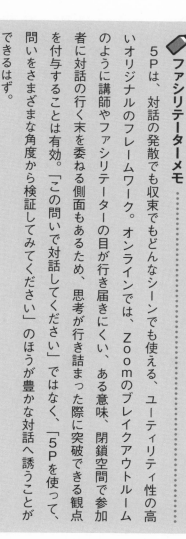

Tool.8 感情を揺さぶり変化を呼び起こす

「パステルアート」でビジョンの先を描き、語る

狙い：理念やビジョンの先の景色を自分の言葉で語れるようになって欲しい
推奨人数：1グループ4～6人。上限人数なし
準備物：ソフトパステル、パステルを削るぼかし網（各グループにひとつ）、画用紙人数分、手拭用ウエットティッシュ、机の上に新聞紙
レイアウト：島型
所要時間：60分程度

◎オープニング

「当社の理念（ビジョン）は、言葉としては皆さん知っていると思います。でも大事なの

は、額縁に飾られている綺麗な言葉を暗唱することではなく、このビジョンは何のために存在するのか、そして、ビジョン実現の先にどんな景色を観たいのか、一人ひとりが自分の言葉で語れる状態をつくることです。言うまでもなく、ビジョンは最終到着点ではなく、その先に、今ここにはない状態や景色があるはずです。そんなことを、これからパステルアートを用いてデッサンしていきます」

◎ボディ

「パステルと呼ばれる、乾燥させた顔料を粉末状にして粘着材で固めた画材があります。

これを手元のぼかし網で削り、粉にして好きな色の粉を手の指につけ、指で画用紙にデッサンします。デッサンのお題は『ビジョン（理念）実現の先に私が観たい景色』です。ぜひ、指を使って書く感覚を楽しんで、直感的に描いてみてください。意味は後からついてくるので楽しんでくださいね！」

「描けたら、グループで展覧会をします。そ

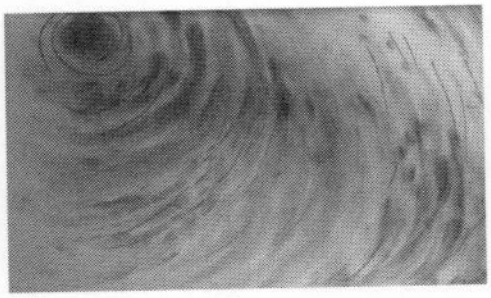
一隅を照らす太陽

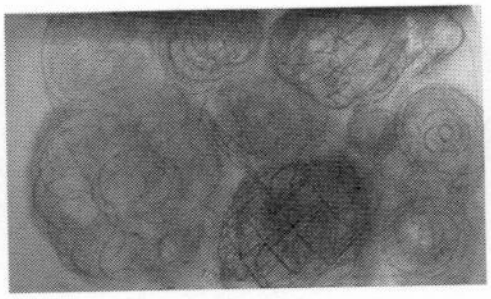
自分の人生を生きる人を
応援する社会

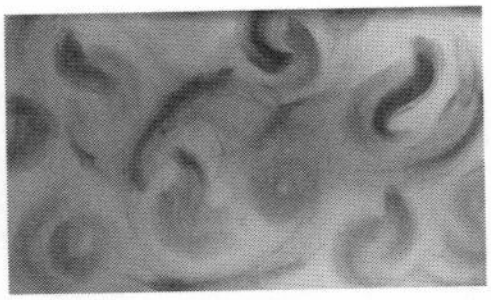
新しい価値が
生まれるダンス

れぞれの絵から受け取った印象を、手元の付箋にキーワードで記入して作者にフィードバックしてください」

「いかがでしたか？　1枚の絵は、千の言葉に匹敵するということわざがありますが、意図を説明せず（先入観を持たずに）、相手が受け取った印象を聞くと作者も気づきがあったと思います」

「最後に作品に名前をつけてください。例にある『自分の人生を生きる人を応援する社会』のように。書けたら、場内全員でお互いの作品を鑑賞するギャラリーウォークをしてみましょう」

◎クロージング

「いかがでしたか？　ビジョンそのものではなく、実現の先の世界、景色を表現してみるという、答えのない世界を文字通り、自らの手で、そして指でつくり出すという経験をしました。そんなかけがえのない経験をした今の自分から、あらためて当社のビジョン（理念）の言葉を見つめてください（時間があれば感想を聞くとよい）。これまでとは違った質感のビジョンに見えてきたのではないかと思います。メンバーにビジョンを伝えるときは、定義された言葉だけではなく、その先の実現したい世界もセットで語ることで、生きたビジョンになります」

ファシリテーターメモ

パステルアートという、未知の体験に誘うワーク。はじめは絵を描くことに抵抗を示す参加者が多いが、やってみると集中してこだわりを持って描く人が多い。展覧会で他者からもらう、異なる角度からのフィードバックは、思いのほか気づきが満載で、可能性を拓く機会になる。企業のビジョン浸透の一助に使えるワークでもある。

Tool.9

感情を揺さぶり変化を呼び起こす

「えんたくん」で深い対話を実践する

狙い：大人数で対話をし、問題解決やアイデア出し、共創解を紡ぎたい
推奨人数：1グループ5人。上限人数なし
準備物：えんたくん、10色カラーペン、手順説明スライド
レイアウト：机なし（えんたくんが代替）、椅子のみのレイアウトであれば何でも可
所要時間：60分程度

◎オープニング

「さぁ、みなさんこれから全員で対話を行ないます。使用するのはこちら。円卓をもじった『えんたくん』。ダンボール素材のテーブルであり、このまま文字も書けるスグレもの

です」

「対話の前に、少し準備をします。自分の膝の上にえんたくんを乗せて、参加者同士で座ります。すると、不思議と等間隔になりましたね。そして、スライドにあるように、今回、全員で探求したい問いはこちら、○○○です。この問いをえんたくんの真ん中、中央の円に転記してください。そうしたら、簡単に自己紹介と、今、ここで感じていることなどでチェックインしてくださいね」

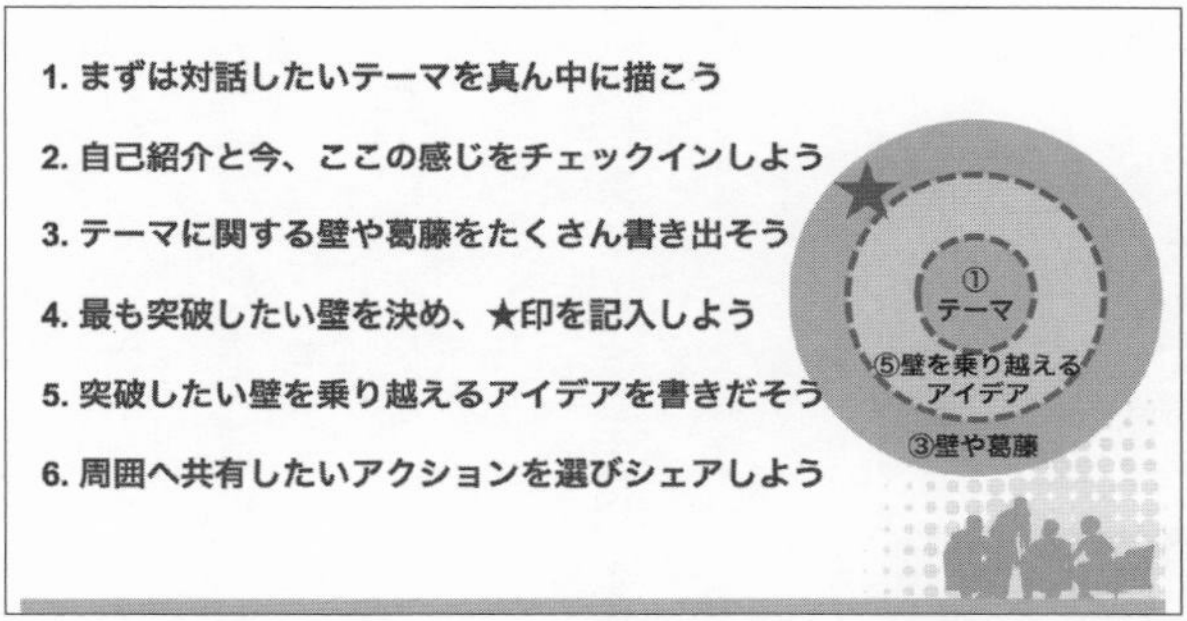

◎ボディ

「準備が整ったらいよいよ対話に入っていきます。まず、この問い（テーマ）に対して、今、自分が直面していること、気掛かりなことをとにかくたくさん、一番外側のスペースに書き出してください」

「いろんな気掛かり、現場で直面するリアルな声が出ました。次に、その中で最もほっとけない、何とかしなければ、と心がかきたてられる声に★印をつけてください」

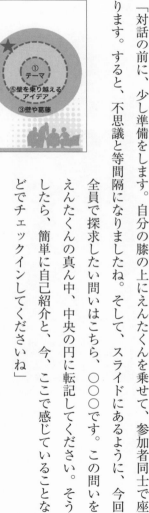

「そして、★のついた声をどのようにすれば解決できるのか？　解決に向けたアイデアを内円にたくさん記入してください。質より量で気軽に！　最後に、アイデアの中で、自分たちが実行したい案や周囲に共有したい案に★印をつけて、シェアしてください」

◎クロージング

「さまざまなアイデアが出ましたね。みなさんが現場で感じているリアルな声がもとになって、アイデアも手にしました。ぜひ、現場で活かしてくださいね」

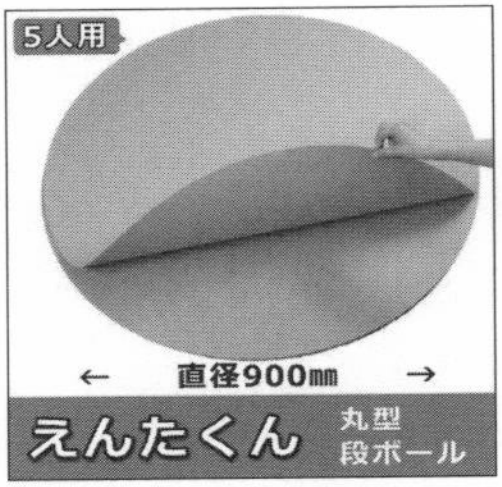

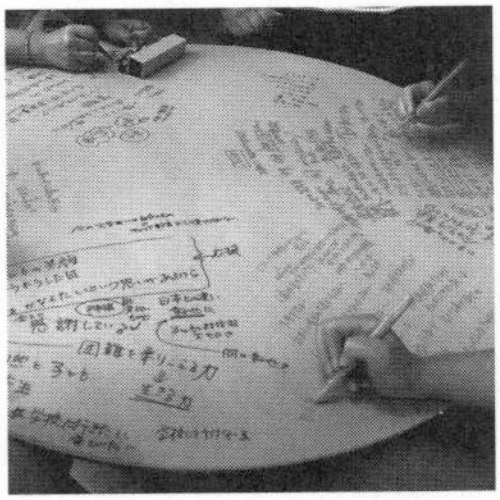

出典：三ケ日紙工ホームページ

ファシリテーターメモ

今回は、「問題解決」をテーマにしたえんたくんダイアログを紹介したが、「アイデアの発散」にも、あえて問題解決をしない「問題の解きほぐし」にも、自在に活用可能。最近はえんたくんを使った対話も増えてきたが、アイデアをテーブルに書かせるだけの方法が多い。今回紹介した、３つのスペースに分けて書く方法は、大変効果的なのでお勧め。

えんたくんは、構造上、参加者が足を組むことができなかったり、動きが制限されることが多いので、長時間の対話は不向き。参加者の疲れが少しでも見えたら、簡単なストレッチを促したり、他のテーブルへ移動してもらうなど、動きを入れることもお忘れなく。

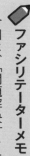

Tool.10 感情を揺さぶり変化を呼び起こす

「Points of You®」×「レゴブロック」でチームビルディング

狙い：大事にしたい価値観に気づき、それを表現し、チームとして活かし合える状態をつくりたい
推奨人数：5〜30人程度が好ましい
準備物：Points of You®（https://www.points-of-you-japan.com/ja/about/）、レゴブロック基本カラーセット（1セット1207ピース）×グループ分
レイアウト：島型
所要時間：90分程度

◎オープニング

「今日は、お互いの理解を深めて、成果を高めるチームになるためのワークショップを行ないます。まずは今、目の前に広がっているフォトカードを見てください」

「人の顔や風景、イラスト、さまざまな種類のカードがありますね。この中から自分が最も大切にしている価値観とつながりを感じることができるカードをチョイスしてください。あまり深く考えずに、『なんか、心がひかれるな』とか、『デザインが好きだ』とか、キーワードも書かれているので、『このワードが好き！』でもいいです。ビビッときたカードを1枚選択してください」

「選んだら、周りとシェアしましょう。話すことであらためて自分の思考が整理されたり、他の人の異なる価値観と触れることで、自分の価値観の輪郭が明らかになってきます」

◎ボディ

「次に、その価値観を仕事のシーンでいきいきと表現している状態をレゴブロックを使って表現してみてください。つくったらまた、周囲のみなさんと共有しましょう」

（参加者Kさん）「僕は、男女が笑顔の【Ｊｏｙ　歓び】と書かれたカードを選びました。〝喜び〟でなくて、歓喜の〝歓び〟の字が気に入りました。自分が心から歓んでいる状態を表現すると、自分の想いに正直で真っすぐなときなので、真っすぐな塔をつくりました。でも独りよがりだとさみしいので（笑）、頂上から線が出ています。これは誰かとつながりを持とうとするアンテナ。誰かのためになりたい。正直さを大切にしたい、これが僕の価値観です」

「お互いの作品を共有し合ったら、最後にレゴを中央に寄せてください。相手の大切にしているものを大切にし合ったら、何が生まれるか、どんなチームになるか、現状のレゴを足したり引いたり、組み替えたりしてもいいので、模

造紙の上で表現してみてください」

「お互いの大切な価値観を活かし合い、豊かな世界が表現されましたね。レゴも形やフォーメーションが変わり、チームとしての一体感をすごく感じます」

◎クロージング

「いかがでしたか。お互いの価値観がわかり、どうすればそれを共に活かし合えるか、ヒントが手に入ったと思います。職場でも大事にしていきましょう！」

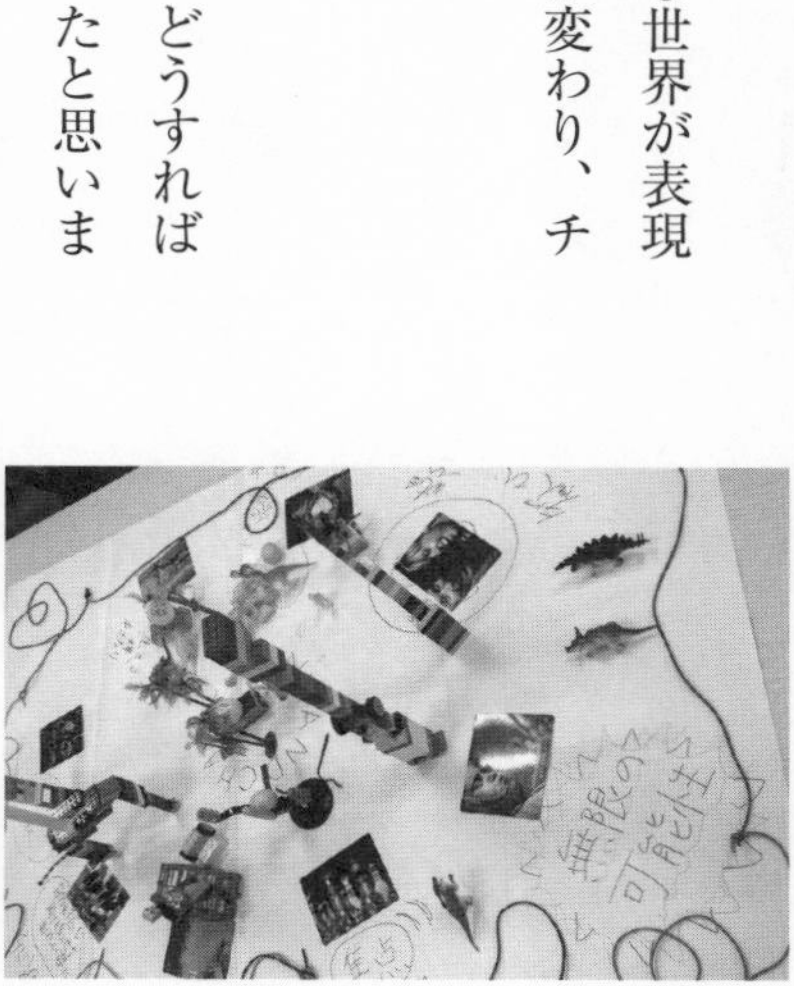

ファシリテーターメモ

いきなり「レゴで価値観を表現せよ」となると難易度が高いが、先にカードを一度選ぶことで表現しやすくなる。答えのないものを生み出す楽しさを伝えたいときや、カードやレゴを使うので、プレイフルに共創の場を生み出したいときにお勧め。

Tool.11 感情を揺さぶり変化を呼び起こす

「一皮むけた、あのときの〇〇〇」で互いのつながりを取り戻す

狙い：チームメンバー間の相互理解を深め、チームビルディングをしたい
推奨人数：1グループ3人。全体上限人数なし
準備物：なし　※演出で幟《のぼり》を自作
レイアウト：机なし、椅子のみで3人組
所要時間：50分程度

◎オープニング

「これまで皆さんは、現場で本当にたくさんの豊かな経験をしてきました。振り返ってみると、当時はめちゃくちゃしんどかったけど、今の自分をつくっていると思えること、最

高に楽しくて思わずガッツポーズした仕事、仕事で悔しくて泣いたことなど、自分が一皮むけた体験を３人組で順番に話してもらいます」

◎ボディ

「では、ひとりずつ、話してみてください。エピソードの共有が終わったら、聴き手の２人から話し手に、どんなこだわりがあったのか、その経験の前後で大きく何が変わったのか、ぜひ、感想を伝えてあげてください。ではどうぞ！」

◎クロージング

「いかがでしたか？　今だから話せるエピソードや、この人にこんな体験が！　と思えるような発見もたくさんあり、相互の理解が深まったと思います」

ファシリテーターメモ

個人の信念やマネジメントの哲学、判断の軸などは、過去の経験、それも一皮むけた経験から醸成されることが多い。そこを明らかにするためのパワフルな対話手法。このためにわざわざつくった高さ3メートル幟《のぼり》の威力も高い。

【Refreeze】
オンライン編

Tool. 12

変革を定着させるために葛藤と向き合う

「チア・ギャラリービュー」で実行・完遂に向けてやる気を高める

狙い：自分たちが決めたアクションを現場で実行・完遂する上でくじけそうになったときに踏みとどまれるスペースを用意したい
推奨人数：１グループ４〜６人程度
準備物：Ａ４サイズの紙、サインペン、人を応援したい熱意
所要時間：30分程度

◎**オープニング**

「さぁ、自分たちが現場で実行するアクションが出揃いましたね。ただ、これを遂行するには覚悟が必要だったり、ときには、現場の圧力にくじけそうになるかもしれません。そ

れを乗り越えるために、ここまで濃い時間を共に過ごしてきたグループメンバーの皆さん同士で、元気が出る応援動画をプレゼントし合いましょう」

◎**ボディ**

「手元にA4サイズの紙（コピー用紙でも可）を用意し、あなたから見た、グループメンバーの強みやよいところを書いてください。5人のグループであれば自分以外の4人に対して、シンプルに。もらった人が、思わず元気が出るようなメッセージをお願いしますね！」

「では、皆さん記入が終わったようなので順番に応援していきますよ！　心の準備はOKですか？　Aさんからひとりずつ順番に、用紙に書いた強みを画面に見せながら、そこに込めた思いを伝えてください。最後に一斉に声を出してAさんを思いっきり応援しましょう！　それでは、どうぞ〜！」

◎クロージング

「誰かから応援をしてもらうことで、実行に向けた勇気が出てきたと思います。また、誰かを必死に応援するって、いいですよね。人を応援し勇気づけると、そのエネルギーが自分の中にまた還ってくる、そんな循環を感じたのではないかなと思います。お互いがんばりましょう！　そして挫けそうになったら、この動画を見てモチベーション高めましょう！」

ファシリテーターメモ

オンラインや映像の利点は、アーカイブを保存できること。折に触れて見返すことで、実行に向けて燃えていたイベントやワークショップのときの温度感を瞬時に取り戻せることにある。深い対話をし、一定の相互理解が進んだグループであれば、お互いの応援動画は実行に向けたエネルギーを充填させる大変有効なツールになる。

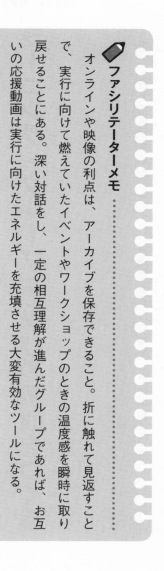

Tool.13 変革を定着させるために葛藤と向き合う

「ラーニング・グループ」で学びの隙間をつくる

狙い：自分たちが決めたアクションを現場で実行・確認し合える場をつくりたい
推奨人数：1グループ4～6人程度
準備物：スマートフォンかPC
所要時間：15分程度

◎オープニング

「これでワークショップは終了ですが、『現場での実行』はここからがスタートです。今までやったことがないことを実行するには、勇気が必要です。でも、孤独感を味わう必要はありません。ここまで一緒に時間を過ごしてきたメンバーが、最高のバディです。お互いつながり合い、現場で実行する支援ツールを紹介します」

◎ボディ～クロージング

「すでに皆さんをフェイスブックのラーニングコミュニティに招待しています。後ほど、そこにアクセスし今日の対話の場の感想や気づきを書き込んでください。そして、アクションを実行して、うまくいったことやいかなかったこと、誰かにアドバイスして欲しいことを書き込み、コミュニティでつながりながら、アクションしていきましょう」

「ファシリテーターの私からも、ときに必要な問いかけやヒントとなる情報をアップデートしていきますね。雑談やグチ（？）も大歓迎です。気軽に使ってくださいね」

ファシリテーターメモ

アクション・ラーニングの父と呼ばれるレヴァンスの考え方のひとつに、Learning coarches help hold the space for learning.（コーチは、学ぶための隙間をつくることを助ける）というものがある。オンライン、リアルに関わらず、情報を詰め込みすぎて、参加者の内省や、自分でやろうとする意欲や創意工夫を阻害してしまうことがある。

オンラインの場におけるコミュニティは、学びと実行の間のスペースに位置し、参加者はそれぞれのミッションを実行し、その結果を手に、いつでも戻り、仲間と状況を分かち合ったり、内省を助けることができる安全な前線基地の役割も果たす必要がある。

オンラインコミュニティの場におけるファシリテーターは、参加者が知らないことを教える教師ではなく、参加者の学びを支援するラーニング・コーチとしての役割を果たさなければならない。

【Refreeze】
リアル編

Tool. 14

変革を定着させるために葛藤と向き合う

「葛藤ワーク」で現場のリアルに負けない耐性をつくる

狙い：アクションを決めただけで終わらせないようにしたい、現場で起こる葛藤を事前に洗い出し、乗り越え方を決めることで変化を加速させたい
推奨人数：１グループ６人程度。上限なし
準備物：模造紙、付箋、サインペン
レイアウト：島型
所要時間：50分程度

◎オープニング

「さぁ、ここまでの対話で私たちの目指す姿（未来）は定まりました。一方で、新たな変

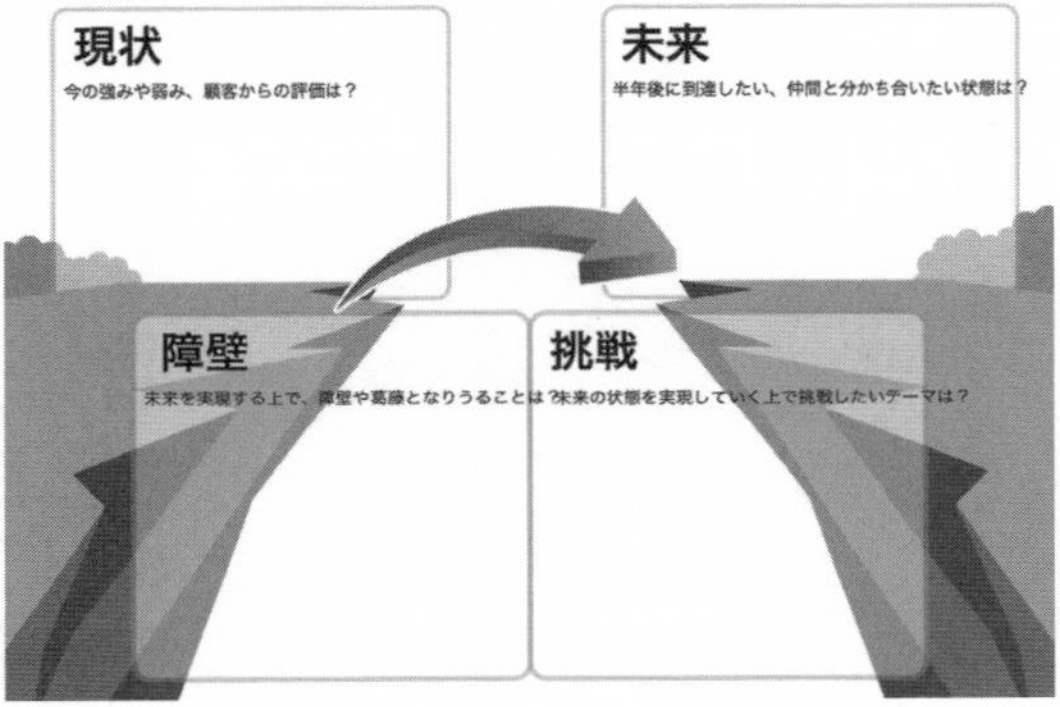
現状
今の強みや弱み、顧客からの評価は？
未来
半年後に到達したい、仲間と分かち合いたい状態は？
障壁
未来を実現する上で、障壁や葛藤となりうることは？
挑戦
未来の状態を実現していく上で挑戦したいテーマは？

化を起こそうとすると、当然、障壁や現場の反対にぶち当たったり、既存の緊急度の高い仕事に追われて新しいことができない等、さまざまな葛藤、障害が生まれます」

◎ボディ

「ここに崖の絵があります。左側は、今、私たちがいる場所、直面しているところ。右側は、私たちが行きたい向こう側の目的地です。右側へ行くためには、多少の挑戦も伴います。４つの枠それぞれに当てはまると思うことを付箋に書いて貼りつけて対話しましょう」

「特に、障壁、葛藤のエリアは言葉を選ばずに赤裸々に、本音を書いてくださいね」

◎クロージング

「通常は現状と未来、そしてそのギャップを埋める挑戦（アクション）を考えて終了です。しかし、現場に戻ると、思ってもみなかった障壁が出現して、げんなりして終わることが多いですよね。このフレームを用いて、これから起こる『壁』の予想もしておくことで、地に足の着いた、パワフルな目標を立てることができます。最後に、自分はどんな挑戦を選択して、実行するのか、シェアして終了しましょう」

ファシリテーターメモ

既存の目標設定フレームワーク「AS is To Be モデル」（現状と理想、その間にあるギャップ、とるべきアクションを明らかにする）が現場で機能しないことのアンチテーゼから生み出したモデル。目標を立てても機能しない現場のリアルを事前に明らかにして、どうすればそこに風穴を開けることができるのか、ネガティブシナリオと向き合ってもらう。

居心地のいい理想や挑戦に向きがちな参加者のエネルギーを、いかに居心地のよくない現状や障壁にステイさせて、対話を深められるか、ファシリテーターの手腕が求められるワークでもある。

Tool.15

「てるぺん」でコミットメントし合い、組織という協働作品を全員でつくる

狙い：全員で宣言をし、ひとつの共同作品をつくることで、実行へのコミットメント向上と共創する高揚感をつくり出したいときに
推奨人数：宣言を一人ひとり聞ける時間の余裕数、上限30人くらいが好ましい
準備物：杉材を使用したミニチュア椅子「てるぺん」、ドラム缶
レイアウト：全員立ち上がり、中央にドラム缶があるとよい
所要時間：宣言ひとり1分×人数分　参加者30人であれば30分

「てるぺん」（販売元／山の楽校）

◎オープニング

「最後に、自分たちが定めためざす姿に向かうために、個人のアクションを宣言して終了します。『てるぺん』と呼ばれるこの椅子を持ってひとりずつ中央に来て、宣言しながら椅子を積み重ねていってください。倒れないようにそっと、高く積み上げてくださいね！」

◎ボディ～クロージング

各自の宣言を見守る。もし崩れたら、組織は全員でつくる協働作品であることを伝え、続けてもらう。

ファシリテーターメモ

最後にピークエンドをつくれる鉄板モジュール、互いの宣言を自然に応援し合えるモードの形成と、崩れても誰かのせいにしないワンチーム感を醸成できる。

謝辞（あとがきにかえて）

はじめに、この本を手にしてくださったあなたに心から感謝します。

本書は、百年に一度とも言われる感染症による危機によって分断された、人と組織のつながりを「場づくり」によって取り戻すことを主眼に書いた本です。

危機は、変わるための機会です。リモートワークの推進により働き方、商流、コミュニケーション、さまざまな側面においてＤＸ（デジタルトランスフォーメーション）が、加速度的に進んでいます。

そして、この変化は従来のリアルな場のみを前提としたセオリーを一新するインパクトを持っています。

本書を通じて、今の時代に即した場づくりやファシリテーションのあり方、そして、その奥底に流れる普遍的なマインドが、皆さんの現場で少しでもお役に立つことがあれば、著者として望外の喜びです。

最後にこの場を借りて、お礼を述べさせてください。

まず、書籍にメッセージを込めて世に問うことの大切さを教えてくださった、リンクアンドモチベーショングループ代表の小笹芳央さん。僕にいつもチャレンジングな場の機会をくださる（株）リンクイベントプロデュース社長の榊原清孝さんをはじめ、愛すべき同僚の皆さん。特に、本書で紹介したいくつかの事例は、実際に我々の職場で発案、実行したものです。職場という「場（Ｂａ）」がなければ、書けなかったものばかりです。

前作同様、ときに励まし、お力添えをいただいた、同文舘出版の竹並治子さん。そして何より、これまで現場で志をひとつにして、ご一緒させていただいたクライアントの皆さまと可能性に溢れた参加者一人ひとりの皆さん。

最後に、健康な体を授けてくれた両親（広江卓、章子）、そして本の執筆で休日の家族団らんがカットされるにもかかわらず、応援し続けてくれた妻の明日香と子供たち、一寿《いず》桃《もも》と空乃佑《そらのすけ》と伊星《いせ》とみーちゃん。

皆さんのお力添えとご支援がなければ、本書はこの世に生まれませんでした。

あらためて感謝の意を表し、筆をおくことにします。

「場（Ｂａ）の力によって、人と組織が心からつながる機会が増えますように」

オンライン表彰式の場のファシリテーションに向かう直前の自宅にて

著者略歴

広江朋紀（ひろえ　とものり）

(株) リンクイベントプロデュース　ファシリテーター

産業能率大学大学院卒（城戸研究室／MBA）。

出版社勤務を経て、2002年に（株）リンクアンドモチベーション入社。HR領域のエキスパートとして、採用、育成、キャリア支援、風土改革に約20年従事。講師・ファシリテーターとして上場企業を中心に1万5,000時間を超える研修やワークショップの登壇実績がある。育休2回。3児の父の顔も持つ。

著書に『場が変わり、人がいきいき動き出す 研修・ファシリテーションの技術』『なぜ、あのリーダーはチームを本気にさせるのか?』（いずれも同文舘出版）、『今日から使えるワークショップのアイデア帳』（共著、翔泳社）がある。その他、論文寄稿、複数の大学での特別授業、「日経MJ」、「月刊人事マネジメント」への連載寄稿等、多数。

CRR Global認定 組織と関係性のためのシステムコーチ（ORSCC）／米国CTI認定プロフェッショナル・コーアクティブ・コーチ（CPCC）／Immunity to Change® (ITC) ファシリテーター。

Mail: hiroe.tomonori@link-ep.co.jp
Facebook: https://www.facebook.com/tomonori.hiroe

エンゲージメントを高める場のつくり方

2020年9月9日　初版発行

著　者 ―― 広江朋紀

発行者 ―― 中島治久

発行所 ―― 同文舘出版株式会社

東京都千代田区神田神保町1-41　〒101-0051
電話　営業03（3294）1801　編集03（3294）1802
振替00100-8-42935
http://www.dobunkan.co.jp/

ISBN978-4-495-54066-1

印刷／製本：三美印刷
Printed in Japan 2020